JN121157

アウシュヴィッツの残りのもの

アルシーヴと証人

ジョルジョ・アガンベン
上村忠男・廣石正和 訳

月曜社

Quel che resta di Auschwitz

©1998 Giorgio Agamben
Japanese edition licenced from Giorgio Agamben
© 2001 Getsuyosha Ltd.
Printed in Japan

目次

凡例

一、原テクストがイタリア語でない場合の引用文にかんして、著者は「公刊されたイタリア語訳があるものについてはそれを利用しつつも、原テクストと照合して、必要と判断した場合には適宜訂正した」と注記しているが、その著者が原テクストと照合して訂正したという文自体が原テクストとずれているケースも散見される。しかし、これらのケースについては、原則として、著者自身による訳を優先させることとした。

一、原文中、強調のためにイタリック体になっている部分には、傍点を付した。

一、原文中、大文字で始まっている単語については、適宜、ゴシック体で表示するか、または〈　〉で括って表示した。

一、文中〔　〕の部分は訳者による補足、✣は訳者による注である。

アウシュヴィッツの残りのもの

ビアンカ・カサリーニ・アガンベンを偲んで
「あらゆるものの届くところにいるということはあらゆるものを受け入れることができるということなのです」

この本についてわたしと議論を交わして、本が生まれるのを可能にしてくれたアンドレーア、ダニエル、グイードに

序言

今日では、なかでも特別な地位を占めているラウル・ヒルバーグの著作〔『ヨーロッパ・ユダヤ人の絶滅』〕をはじめとして、ますます広汎で厳密な研究がつぎつぎと出ているおかげで、ユダヤ人の大量殺戮の起こった歴史的状況（物質的、技術的、行政的、法的等々）の問題は十分に明らかなものとなっている。さらなる研究によって個々の側面に新たな光があてられるということはあるだろうが、全体の枠組みはもうすでに獲得されたものと考えてよい。

事情が一変するのは、大量殺戮の倫理的で政治的な意味にかんしてである。あるいは少なくとも、起こったことの人間的な理解にかんして――要するにそれのリアルさにかんしてである。これにかんしては、包括的な理解の試みのようなものが欠けているだけでなく、処刑者と犠牲者の行動の意味と理由も欠けている。たいていの場合、かれらの言葉そのものがはかりしれない謎のままでありつづけており、アウシュヴィッツは永遠に理解不可能であると主張する人々の意見を勢いづかせることになっている。

歴史家の観点からは、たとえば大量殺戮の最終局面がどのようであったのか、どのようにして収容者たちをほかでもないかれらの仲間からなる特別労働班（いわゆるゾンダーコマンド）がガス室に連れていき、死体を外に引きずり出して洗い、死体から金歯と髪の毛を採取したのち、最後に死体を火葬場の炉のなかに投じたのかを、わたしたちは細部にいたるまで知っている。しかし、わたしたちは、これらのできごとについて記述し、時間軸にそって順に並べることはできても、できごと自体を本当に理解しようとすると、奇妙なことに、それらのできごとは不透明なままなのだ。この隔たりとこの居心地の悪さをザルメン・レヴェンタルほど直截に書き記した者はいないだろう。かれは特別労働班（ゾンダーコマンド）の一員で、第三火葬場のかたわらに埋められたいくつかの紙片にみずからの証言を残しており、それらはアウシュヴィッツの解放から十七年後に日の目を見ることとなった。レヴェンタルは簡潔なイディッシュ語でこう書いている。

できごとがどのように起こっているのかについて、いかなる人間も、これほど正確に想像することはできないだろう。そう、わたしたちの体験がどのようになされているのかについて、これほど正確に伝えることができるとは考えられないのだ。〔……〕わたしたちは――陰に隠れた小さな一団は、歴史家たちにやるべき仕事を多くは提供しないだろう。

ここにあるのが、もっとも内密の体験を他人に伝えようとするときにわたしたちが通常感じる困難でないことは明らかである。ギャップは、証言の構造そのものにある。じっさい、一方では、収容所で起こったことは、生き残って証言する者たちにとってはかけがえのない真実であり、そうであるからには、けっして忘れることのできないものである。が、他方では、この真実は、まさにそれ自体としては想像もできないものである。つまりは、その真実を構成する現実的諸要素には還元できないのだ。これ以上に真実なものはないというくらいにリアルな事実。事実的諸要素を必然的に逸脱してしまっているほどのリアルさ。これがアウシュヴィッツのアポリアである。レヴェンタルの紙片に書かれているように、「真実そのものははるかに悲惨であり、ずっと恐ろしい」。いったい、なにと比べて悲惨で恐ろしいというのだろうか。

しかし、少なくとも一点において、レヴェンタルはまちがっていた。その「陰に隠れた小さな一団」(陰に隠れているというのは、ここでは、目に見えず、気づかれないという、文字どおりの意味にも理解すべきである)が歴史家たちにやるべき仕事を提供することをやめないだろうというのは明らかであろうとおもわれる。じつのところ、アウシュヴィッツのアポリアは歴史認識のアポリアにほかならない。すなわち、事実と真実、確証と理解のあいだの不一致である。

このようなわけで、すべてを納得してしまう者のようにあまりにも拙速に理解しようとするのでもなく、安直に神聖化してしまう者のように理解を拒否するのでもなく、その隔たりのもとに留まりつづけていることが、著者には唯一の実践可能な方途であるようにおもわれた。しかも、この困難にもうひとつの困難が付け加わる。それは文学や哲学のテクストを専門的にあつかうのに慣れた者に特有の困難である。多くの証言は——処刑者のものであろうと犠牲者のものであろうと——ごく普通の人間のもとからやってくる。「陰に隠れた」人々こそが、明らかに、収容所にいた者たちの最大多数派であったのである。アウシュヴィッツの教訓のひとつは、まさしく、ごく普通の人間の頭の中を理解することはスピノザやダンテの頭の中を理解するよりも途方もなく困難だということである（あれほど頻繁に誤解されているハナ・アーレントの〔『イェルサレムのアイヒマン』における〕「悪の凡庸さ」の主張は、この意味にも解されなければならない）。

生き残った者たちの証言にかんして新しいものがこの本にほとんどないことを知って、読者はがっかりするかもしれない。形としては、この本はいわば証言にたいする終わりのない注釈である。これ以外のやり方はありえないようにおもわれたのである。もっとも、証言にはその本質的な部分として欠落がともなっているということ、すなわち、生き残って証言する者たちは証言しえないものについて証言しているのだということがある時点で明らかとなったので、かれらの証言について注釈することは、必然的に、その欠落について問うことを意味するようになった。あるいはむしろ、その欠落に耳を傾けようとすることを意味するようになった。欠落に耳を傾けることは、著者にはむだな労力とはおもわれなかった。それはなによりもまず、アウシュヴィッツ以後に倫理の名を思いあがって自称しているほとんどすべての理論を一掃することを著者に強いた。あとで見るように、現代の人々が妥当なものと認めることができると信じている倫理の原理のほとんどどれも、最後の試練、すなわち〈アウシュヴィッツの流儀で証明されたエチカ（Ethica more Auschwitz demonstrata）〉として通用するための試練に耐えられなかった。著者としては、証言の場所と主体をつきとめる試みをとおして、新しい倫理の土地に取り組む未来の地図制作者にとって目印となるかもしれない杭をあちこちに打ちこむことさえできたなら、労は報われたと喜びたい。いいかえるなら、今世紀最大のこの教訓をつづってきたいくつかの用語を改め、ある言葉は捨て去り、ある言葉はこれまでとはちがった仕方で理解することさえできたなら、労は報われたと喜びたいのである。これもまた、語られていないことに耳を傾けるやり方、いやおそらくはその唯一可能なやり方である。

その日になると、イスラエルの残りの者、ヤコブの家の逃れた者たちは、もう再び自分を撃つ者には頼らず、イスラエルの聖なる方、主に、まことをもって頼るであろう。残りの者、ヤコブの残りの者が、力ある神に立ち帰るであろう。というのも、あなたの民、イスラエルが海の砂のようであっても、そのなかの残りの者だけが救われるからである。〔……〕

『イザヤ書』一〇・二〇－二二

同じように、この今の時にも、恵みの選びによって残りの者が産み出されます。〔……〕こうして、全イスラエルが救われるのです。

『ローマ人への手紙』一一・五－二六

第1章　証人

1－1　収容所では、収容者に生き残るよう督励することのできる理由のひとつは、証人になろうとすることである。

わたしの場合は、なにがわたしの身に起きようと、自殺するまいとかたく決心した。すべてを見、すべてを生き、すべてを体験し、すべてをわたしのうちに留めておこうとした。自分の知っていることを世の人々に向かって叫ぶチャンスはまったくなかったのだから、それはいったいなんのためだったのだろうか。ただ、自分を除去したくなかったから、自分がなれたはずの証人をこの世から抹殺したくなかったからだ。（Langbein 1, p.186）

この理由を採っているのは、たしかに囚人たちの全員ではない。それどころか、その最後の者たちだけである。しかも、それは便宜的な理由である場合もあるだろう（「わたしは、あれこれの理由、あれこれの目的のために生き残ろうとしてもよいだろう。口実は、探せば何百とある。本当のところは、なんとしても生きたいのだ。あるいは復讐にすぎない場合もあるだろう（「有刺鉄線に飛びこんで自殺することだって、もちろんできるだろう。わたしたちはいつでもそうすることができる。しかし、わたしは生きたい。奇跡でも起こって、解放されたい。そうなったら、わたしは復讐し、この中で起こったことを全世界に向かって語るだろう」Lewental, p.148）。Sofsky, p.477）。みずからの生き残りを正当化するのはたやすいことではない。収容所での生き残りについてはなおさらである。生き残った者の一部は、結局、沈黙するほうを選ぶ。「わたしの友人の一部、とても親しい友人の一部は、アウシュヴィッツについてけっして話さない」（Levi 1, p.224）。しかし、ほかの者たちにとっては、証人を死なせないことが生きることの唯一の理由である。「一方、ほかの人々はたえず話しており、わたしもそんな人々のひとりである」（ibid.）。

1－2　証人のひとつの完璧な典型はプリモ・レーヴィ✣である。かれは故国に戻ると、まるでコールリッジのバラードに出てくる「老水夫」のように、自分が体験したことをだれにでもたゆまず語る。

老水夫がかれのことを気に留めようとしない結婚式の招待客たちをさえぎる場面を覚えておられるだろう。招待客たちは結婚式のことで頭が一杯なのである。その招待客たちに老水夫は自分の話をむりやり聞かせる。しかし、わたしも、強制収容所から戻るやいなや、ちょうど同じふるまいをしたのだった。わたしは自分の物語をだれにでも語りたくて仕方がなかったのだ！〔……〕自分の物語をみなに語れるのだったら、どんな機会でもよかった。工場長にも、工場労働者にも。かれらにはほかの仕事があったというのに。わたしはまさに老水夫になりはてていた。その後、わたしは夜間にタイプライターで書きはじめた。〔……〕毎晩毎晩、わたしは書いた。こちらのほうが、はるかに狂ったことと見なされたのであったが！
(p.224f)

しかし、かれは自分のことを作家だとは思っておらず、もっぱら証言するためだけに作家となる。ある意味で、かれはけっして作家にはならなかった。すでに二つの長編小説といくつもの短編小説を出版していた一九六三年になっても、自分のことを化学者と考えるのか、それとも作家と考えるのかという質問に、かれはまったく躊躇することなく、こう答えている。「ああ、化学者ですよ。はっきりさせておかなければなりません。誤解のないようにしましょう」(p.102)。そして時がたって、自分の証言とはなんのかかわりもない本を書くにおよんで、不本意ながら自分が作家となってしまったことに、かれはひどく居心地の悪い思いをする。「その後、わたしは書くよ

✣　一九一九年イタリアのトリーノに生まれる。四四年四月アウシュヴィッツ収容所に入れられるが、四五年一月ソ連軍に解放され、同年十月イタリアに帰還。戦後は化学者として働きつつ、収容所体験を『これが人間か』（一九四七年）にまとめる。一九八六年、アウシュヴィッツ的〈人間の条件〉について考察した『沈んでしまった者と救いあげられた者』を公刊し、翌八七年に自殺。

うになった。〔……〕書くという悪習に染まってしまったのである」(p.258)。「わたしのこの近著『星形のスパナー』のなかで、わたしは証人という肩書きを完全に捨てた。〔……〕だからといって、わたしはすべてを否定しているわけではない。元収容者であること、証人であることをやめたわけではない。〔……〕」(p.167)。

エイナウディ出版社の会合でわたしが会ったとき、かれはこの居心地の悪さに取り憑かれていた。生き残っていながら証言しなかったなら自分は罪の意識を感じていただろうというのであった。でも、「証言したのだから、わたしは自分を赦している」(p.219)。

1-3 ラテン語には、証人を意味する言葉が二つある。そのひとつは testis で、イタリア語の testimone はこれから生まれているが、語源的には、二人のあいだで争われる裁判もしくは訴訟において第三者(*terstis)の立場に立つ者を意味する。もうひとつは superstes で、なにかを体験したり、なんらかのできごとを最後まで生きぬいた生存者であるため、それについて証言できる者を指す。レーヴィが第三者でないことは明らかである。かれは、あらゆる意味で、superstes である。しかし、このことは、かれの証言が裁判のために事実を入手することとはかかわりがないことをも意味する(かれは裁判にとって十分に中立であるわけではなく、testis ではない)。要するに、かれにとって重要なのは、審判を下すことではない。ましてや、赦すことではない。「わたしはけっして裁判官のつもりではない」(p.77)。「わたしは赦しを与える権限をもっていない。〔……〕わたしに権限はない」(p.236)。むしろ、かれの関心を惹いているのは、審判が不可能なもの、犠牲者が処刑者となり、処刑者が犠牲者となるグレイ・ゾーンだけであるように見える。生き残って証言する者たちは、とりわけこの点については意見が一致している。「どのグループもほかのグループより人間的だったわけではない」（p.232）。「犠牲者と処刑者はどちらも同じように下劣だ、収容所で学んだのは卑屈さの共有ということだ」（Rousset, in Levi 1, p.216）。

審判を下すことができないとか、下してはならないというのではない。「アイヒマンが目の前にいたなら、わたしはかれに死刑を宣告しただろう」（ibid., p.144）。「かれらが罪を犯したのなら、罪をつぐなうべきである」（p.236）。ただし、重要なのは、この二つのことを混同してはならないということ、法律が問題のすべてであろうとしてはならないということである。真実には法律とはかかわりのない内実があり、真実においては事実問題（quæstio facti）を法律問題（quæstio juris）に還元することはけっしてできない。生き残って証言する者の関心事は、まさに以下のものにある。すなわち、人間の行動を法律の向こうに導いていくすべてのもの、人間の行動を徹底的に**裁判**から解き放つすべてのものである。「わたしたちのだれもが、理由を知ることもなしに、起訴され、有罪を宣告され、処刑されうるのだ」（p.75）。

1-4　混同のうちでもっともよくあるもののひとつは——なにも収容所にかぎったことではないが——、倫理のカテゴリーと法律のカテゴリーを暗黙のうちに混同することである（さらにひどい場合、法律のカテゴリーと神学のカテゴリーが混同されており、これが新しい神義論となっている）。わたしたちが道徳や宗教の領域で用いているほとんどすべてのカテゴリーはなんらかの仕方で法律に汚染されている。罪、責任、純潔（innocenza〔無罪〕）、審判、罪の赦し（assoluzione〔無罪放免〕）……等々。このため、それらを用いるさいにはくれぐれも用心しなければならない。法律家なら十分承知しているように、じっさいには結局のところ、法律は正義の確保をめざしているのではない。また、真理の確保をめざしているのでもない。法律は、真理からも正義からも独立に、もっぱら判決をめざしている。このことは、不当な判決でさえもがもっている既判力を見れば、なんの疑いもなく明らかである。既判事項（res judicata）の産出によって、判決は真理と正義に取って代わる。そして、その産出は、たとえそれが偽りで不当であろうと、真なる産出として効力をもつのであって、既判事項の産出が法律の究極の目標なのである。事実とも道徳規範とも言えない、この雑種的なしろもののうちに、法律は平安を見いだす。法律がそこから先に行くことは不可能である。

一九八三年、エイナウディ出版社はレーヴィにカフカの『審判』の翻訳を求めた。『審判』については無数の解釈がおこなわれているが、いずれも、それの政治的予言としての性格（絶対悪としての現代の官僚機構）、あるいは神学的な性格（裁判所は知られぬ神とされる）、あるいは伝記的な性格（有罪宣告はカフカが苦しんでいた病のこととされる）を強調している。法律がもっぱら裁判の形で登場しているこの本に法律の本性についての深い洞察が含まれていることは、ほとんど指摘されていない。法律の本性は、ここでは、一般に考えられているような道徳規範というより、判決、ひいては裁判なのである。しかし、法律の――あらゆる法律の――本質が裁判であるのなら、あらゆる法律（およびそれに汚染されている道徳）は裁判の法律（および裁判の道徳）

にすぎないのなら、法律の執行も違反も、無罪も有罪も、遵法も不従順も、どれも同じことであり、意味を失ってしまう。「裁判所はおまえになにも望んでいない。おまえが来るときは迎え入れ、おまえが去るときは去るがままにする」。法律の究極の目標は判決を産出することであるが、判決は罰するつもりも報いるつもりもない。正義をおこなうつもりも真理を確保するつもりもない。判決そのものが目的なのであり、言われてきたように、このことに、それの神秘、裁判の神秘がある。

判決のこの自己言及的な本性から導き出すことのできる帰結のひとつは――じっさいにもイタリアのさる偉大な法律家〔サルヴァトーレ・サッタ〕は導き出しているのであるが――、刑罰は判決から生まれるのではなく、判決そのものが刑罰であるというものである。「刑罰をともなわない判決はない（nullum judicium sine pœna）」。「むしろ、あらゆる刑罰は判決のなかにあるといってもよいであろうし、禁固や処刑といった刑罰の行為は、いわば判決の延長としてのみ重要であるといってもよいであろう（「処刑する（giustiziare〔「判決（giustizia）」から派生した語〕）」という言葉を考えてみていただきたい）」（Satta, p.26）。しかし、このことは、「無罪の判決は裁判の誤りを告白することである」ということ、「だれもが内的には無実である」ということ、しかしまた唯一本当に無実なのは「無罪放免される者ではなく、裁判のない生活に入った者である」ということをも意味する（ibid., p.27）。

1-5　もしもこのことが本当であるなら――生き残って証言する者であれば本当であることを

知っているが――、あれらの裁判（ニュルンベルクでおこなわれた十二の裁判、および、アイヒマンの絞首刑をもって終わり、ドイツ連邦共和国における新たな一連の裁判に道を開くことになるイェルサレムの一九六一年の裁判にいたるまでの、ドイツ国境の内外でおこなわれたその他の裁判）にこそ、アウシュヴィッツについて考えることを何十年もさまたげてきた知的混同の責任があるのかもしれない。あれらの裁判は必要であったのであり、また明らかに不十分なものであったにもかかわらず（全部合わせてもわずか数百人しか起訴されなかった）、それらはアウシュヴィッツの問題はもう終わったという観念が流布するのを助長してきた。それらが下した判決はすでに既判事項となっており、有罪の証拠は最終的に認定されているのである。たいていは孤立している何人かの明晰な頭脳を別にすれば、法律がこの問題のすべてではないこと、それどころか、ひょっとするとこの問題は、法律そのものを疑問視するほどに、法律を破滅に引きずりこむほどに巨大な問題であったかもしれないことを理解するのに、ほとんど半世紀を要したのであった。

法律と道徳の混同、神学と法律の混同の犠牲者には、有名な者もいる。このうちのひとりは、ハイデガーの弟子の哲学者で倫理の問題を専門としたハンス・ヨーナスである。〔主著『責任の原理――技術文明のための倫理学』（一九七九年）をはじめとする業績にたいして与えられた〕一九八四年のルーカス賞の授賞式でかれはアウシュヴィッツをテーマに講演したが、それのなかでかれは新しい神義論を説いた。神がアウシュヴィッツを赦すことがありうるかどうかを問うたのである。神義論とは、人間たちの責任ではなくて、神の責任を確証しようとする裁判のことである。あらゆる神義論がそうであるように、ヨーナスの神義論も無罪放免をもって終わる。判決の動機はおおよそ以下のようなものである。「無限者（神）は有限者のもとでみずからの全能を完全に奪われる。神は、世界を創造したのちにはいわば世界に自分の運命を託し、無力となる。神が世界のうちにすっかり身を投じたのちは、もうわたしたちに提供するものはなにももっていないので、贈与することは、今度は人間の役目となる。人間は、世界を残したことを神が人間のせいで嘆かなければならないようなことがないように、あるいはあまり頻繁にはないように計らいながら、贈与をおこなうことができるはずである」。

あらゆる神義論につきものの宥和という欠点が、ここではとくにあらわになっている。この神義論は、アウシュヴィッツについてなにも語っていない。犠牲者についても、処刑者についてもである。そればかりでなく、それはハッピーエンドを避けることもできていない。神の無力の背後に、人間たちの無力が顔をのぞかせている。人間たちは「もう二度とそんなことがあってはならない！（plus jamais ça!）」とくり返し叫ぶのだ。「そんなこと」がいたるところに行きわたっているのはいまや明らかだというのにである。

１−６　責任の概念も、手のほどこしようがないくらい法律に汚染されている。法律の領域の外でその概念を用いようとしたことがある者は、だれでもそのことを知っている。それでもなお、倫理、政治、宗教は、法的責任から領土を引き離すことによってようやく、みずからの境界を画定することができたのであった。しかしまた、それは別の種類の責任を負うことによってではなく、無−責任（non-responsabilità）の地帯を明確にすることによってであったのだ。もちろん、このことは免責を意味するわけではない。それどころか、それは、少なくとも倫理にかんしては、わたしたちが引き受けることができるよりも途方もなく大きな責任にぶつかることを意味する。せいぜいわたしたちにできることは、その責任に忠実であること、すなわちみずからの引責不能を要求することである。

レーヴィがアウシュヴィッツでおこなった前代未聞の発見は、いかなる責任の確証をも受けつけない素材にかかわっている。かれは新しい倫理圏のようなものを取り出すことに成功したのであった。レーヴィはそれを「グレイ・ゾーン〔灰色地帯〕」と呼ぶ。それは「犠牲者と処刑者を結びつけている長い鎖」がほどける地帯であり、そこでは、被抑圧者が抑圧者となり、つぎには処刑者が犠牲者となる。それは、善と悪を融点にもたらし、それとともに伝統的倫理のあらゆる金属を融点にもたらす、休みなく働く灰色の錬金術である。

したがって、それは無‐責任と「判決不能（impotentia judicandi）」（Levi 2, p.45）の地帯であって、善悪の**彼岸**にあるのではなく、いわば善悪よりも**こちら側**にある。ニーチェの身ぶりとはちょうど反対の身ぶりでもって、レーヴィはわたしたちが倫理について考えるのに慣れ親しんできた場所よりもこちら側に倫理を移したのであった。わたしたちは、理由こそ説明することができなくとも、こちら側のほうがいかなる彼岸よりも大切であると感じており、下人（sottouomo）は超人（superuomo）よりもはるかに重要であるにちがいないと感じている。無‐責任というこの破廉恥な地帯はわたしたちの原初の圏域であり、どのような責任の告白もわたしたちをその外に引っぱり出すことはできない。その圏域では「悪の、恐ろしい、語りえない、想像もできない凡庸さ」（Arendt 1, p.259）の教えが一分ごとにつづられていくのである。

1－7 「責任（responsabilità）」という語の起源をなすspondeo〔請け合う〕というラテン語の動詞は、「ある者（あるいは自分自身）のために、ある者の面前で、あることの保証人となること」を意味する。したがって、婚約の場面で、父親がspondeoという文句を口にしたなら、求婚者に自分の娘を妻として与えることを約束すること（このため、その娘はsponsa〔婚約者〕と呼ばれた）、あるいは、もしそうならなかったなら賠償を確約することを意味した。じっさい、最古のローマ法においては、自由人は被害の補償あるいは義務の履行を保証するために自分が人質になること、すなわち捕虜になることを買って出ることができるのが習わしで、この捕虜の状態をもとにしてobligatio〔義務・抵当〕という語が生まれている。（sponsor〔保証人〕という語は、債務者（reus）の代理をして、不履行の場合にはしかるべく弁済することを約束する者を指していた）。

したがって、責任を負うというふるまいは、純粋に法律的なものであって、倫理的なものではない。それは高貴で輝かしいものはなにもあらわしておらず、ob-ligarsi〔或るものに自分を縛りつけること〕をあらわしているにすぎない。すなわち、法律上の拘束が責任者のからだにいつまでもまといついているという見方のもとで、債務を保証するために捕虜として自分の身柄を引き渡すことをあらわしているにすぎない。そうであるがゆえに、そのふるまいは損害の責任を負うことを意味するculpa〔罪〕の概念と緊密に絡まりあっているのである（このためローマ人は自分自身にたいする罪がありうることを否定したのであった。quod quis ex culpa sua damnum sentit, non intelligitur damnum sentire〔ある者が本人のせいで損害をこうむった場合は損害をこうむったとは解されない〕——すなわち、自分のせいで自分自身にたいして引き起こす損害は法律にはかかわりがないのである）。

いいかえれば、責任と罪は法律的責任の二つの面をあらわしているにすぎず、あとになってはじめて内面化され、法律の外に移されたのである。この二つの概念に依拠しようとするあらゆる倫理学が不十分で不透明なのは、ここに由来する。（このことは、正真正銘の「責任の原理」を打ち建てたつもりでいるヨーナスにも、もっとはるかに込みいった仕方で sponsor〔保証人〕の身ぶりを卓越して倫理的な身ぶりに変容させたレヴィナスにも当てはまるだろう）。それは、倫理を法律から分ける境界線を引こうとするたびに、はっきりと目に見えるものとなる不十分さと不透明さである。例にあげた二人は、問題となっている事実の重大さにかんしてはこのうえなく大きく意見を異にしているが、両者が暗に含意しているように見える区分法（distinguo）にかんしては一致している。

イェルサレムの裁判のあいだ、アイヒマンの弁護側の一貫した路線は、かれの弁護人のローベルト・セルヴァティウスによって以下の言葉をもって明確にあらわされていた。「アイヒマンは、神の前では罪を感じているが、法律の前ではそうではない」。じっさい、アイヒマンは（かれがユダヤ人大量殺戮に関与したことは、起訴状によって主張された役割とはおそらく異なった役割をかれが担ったにせよ、十分に立証された）、「ドイツの若者たちを罪の重荷から解放する」ために「公衆の面前で自分で自分を縛り首にする」ことを望むとまで公言した。それでもなお、かれは最後まで、神を前にしてかれが負っている罪（かれにとって、神は Höheren Sinnesträger、すなわち、より高い良識の担い手にすぎなかった）は法律的には訴追できるものではないと主張しつづけたのであった。これほどまでに執拗に主張された区分法がもっている唯一ありうる意味は、道徳的な罪を引き受けることは被告の目からは倫理的に高貴なことに見えたが、その一方で、かれは法律的な罪（倫理的な観点からすればはるかに軽微であったはずの罪）を引き受けるつもりはなかったということである。

最近、かつて極左的な政治組織に属していた人々のグループが、二十年前に起こった警視殺害事件にたいして自分たちが政治的で道徳的な責任を負っていることを公言する声明文を新聞に発表した。その声明文にはこうある。「しかしながら、この責任を刑法の次元の責任とすることはできない」。ここで指摘しておかなければならないのは、道義的責任を負うことは、それの法律上の帰結を引き受けるつもりがある場合にのみ、いくらか価値があるということである。そのことを声明文の作者たちはいくらか気づいているとおもわれる。というのも、かれらは、ある意味深長なくだりのなかで、「殺害をけしかける空気を醸成する」ことに自分たちが寄与したことを認めており、そのことからして、まぎれもなく法律上の責任を引き受けていることになるからである（といっても、もちろんこれでは、問題となるはずの犯罪、すなわち犯罪教唆には当たらない）。いつの時にも、無実でありながら法律上の罪をわが身に引き受ける者の身ぶりは高貴なものと考えられてきたが（サルヴォ・ダックイスト✣の場合）、法律上の帰結をともなわずに政治的もしくは道徳的な責任を負うことはつねに強者の傲慢さの特徴とされてきた（マッテオッティ事件にたいするムッソリーニの場合）。ところが今日、イタリアではこれらのモデルが逆転し、悔いながら道義的責任を負うことがことあるごとに法律上の責任を免れるために唱道されているのである。

倫理のカテゴリーと法律のカテゴリーの混同（この混同には悔悛の論理が暗に含まれている）は、ここにいたって絶対的なものと化す。その混同は裁判を免れるためになされる数多くの自殺の原因となっている（これはナチスの犯罪者ばかりがやったことではない）。自殺することによって道徳的な罪を暗黙のうちに負うことで、法律上の罪をあがなおうとしているのだろう。銘記しておかなければならないのは、この混同についての第一の責任者はカトリックの教義ではないということである。カトリックの教義は秘蹟というものを知っており、秘蹟の目的は罪人を罪から解放することにあるのである。そうではなくて、第一の責任者は世俗の倫理（支配的なものとなっている固陋でパリサイ派的なタイプ）である。それは、法律のカテゴリーを倫理の至高のカテゴリーに昇格させて、手のほどこしようがないくらいにカードをごちゃまぜにしたあとに、なおも自分自身の区分法にプレーさせようとする。しかし、倫理とは罪も責任も知らない世界である。それは、スピノザがよく理解していたように、幸福な生の教えである。罪と責任を負うことは――ときにはそうする必要があるにしても――倫理の領域を出て法律の領域に入ることを意味する。この困難な歩みをなしとげなければならなかった者は、背後で閉じられたばかりのドアから引き返すことを望んではならない。

1－8　「グレイ・ゾーン」の極端な形象はゾンダーコマンド（Sonderkommando）である。ガス室と火葬場の運営を任された収容者グループのことをＳＳ〔ナチス親衛隊〕の隊員たちは特別労働班を意味するこの婉曲語法を使って呼んだ。かれらは、裸の囚人たちをガス室の処刑場に導いていって、囚人たちの順番を守らせなければならなかった。それから、青酸の働きによってバラ色や緑色の染みのついた死体を外に引きずり出して、水の噴射でそれを洗い、からだの開口部に貴重品が隠されていないかどうかを調べ、口から金歯を抜き取り、女性の髪の毛を切り取って、塩化アンモニアで洗わなければならなかった。さらにそれから、死体を火葬場まで運び、それがよく燃えるように気を配り、最後に、炉に残った灰をかたづけなければならなかった。

これらの特別労働班についてては、すでに収容所にいた時期にもあいまいで断片的なうわさがわたしたちのあいだで流布していたし、のちにはさきに挙げたような他の情報源によって確証された。それでも、人間のこのような状態の宿している恐怖があらゆる証言に一種の遠慮を強いていた。したがって、今日にいたってもなお、何か月もこの仕事を強制されるという

✣　第二次世界大戦末期、ドイツ占領下のイタリアで、無実であったにもかかわらず、ドイツ軍に対するサボタージュ行為をおこなったと認めて、二十二名の人質を救い、自らは銃殺刑に処せられた憲兵隊副曹長。

✣✣　一九二四年夏、総選挙でのファシストの暴力や脅迫を議会で批判した統一社会党書記長ジャコモ・マッテオッティがファシストと見られる一味によって暗殺された。これをきっかけにおとずれた政治的危機をのりきるべく、首相のムッソリーニは二五年一月三日の下院で事件の「政治的、道義的、歴史的な責任」はすべてファシスト党指導者としての自分にあると表明した。しかし、その演説のなかで同時に力による支配をも宣言し、一党独裁体制の確立に向かっていった。

ことが「なにを意味するのか」を思い描くことは困難である。〔……〕かれらのうちのひとりはこう明言した。「この作業をやると、一日目に気が狂うか、さもなければそれに慣れるかだ」。反対に、もうひとりはこう明言した。「たしかに、わたしは自殺することもできたし、ほかの者に殺してもらうこともできた。しかし、わたしは生き残りたかった。恨みをはらして証言するために。わたしたちを怪物のように思わないでほしい。あなたがたと同じなのだ。ただ、はるかに不幸なだけだ」。〔……〕これほど極端に見捨てられることを経験した人間たちに法的な意味での証言供述を期待することはできない。期待できるのは、嘆き、ののしり、罪ほろぼし、自己を正当化して守ろうとする努力といったことである。〔……〕これらの特別労働班を考案し、組織したということは、ナチズムのもっとも悪魔的な犯罪だった。(Levi 2, p.36f)

ところで、レーヴィが伝えるところでは、アウシュヴィッツの最後の特別労働班のなかでわずかに生き残った者のひとりであるミクローシュ・ニーシュリという証人は、「作業」の中断中に、SSとゾンダーコマンドの代表者たちがサッカーの試合をしているのを観戦したことがあったと語っている。

SSのほかの兵士と特別労働班の残りの者は、その試合を観戦し、選手たちを応援し、賭け、拍手喝采し、声援を送る。それは地獄の門の前でではなくて、まるで村のグラウンドで試合

をやっているかのようだった。（p.40）

ことによると、この試合がかぎりない恐怖のただなかでの人間味のある小休止に見える人がいるかもしれない。だが、わたしの目には、証言者たちの目にそう映ったのと同じく、この試合、この一見してごく平常の瞬間は、収容所の真の恐怖を物語っているもののように映る。というのも、わたしたちはひょっとすると、虐殺はもう終わったものと考えているのかもしれないからである――たとえあちこちで、わたしたちからさほど遠くないところで散発的にくり返されているにしてもである。ところが、試合はけっして終わってはいない。どうやら、途切れることなく、いまだに続行されているようなのだ。それは「グレイ・ゾーン」の永遠なる完全数であり、時間を知らず、あらゆる場所にあまねく存在している。生き残った者の苦悩と恥ずかしさ、「いっさいが神の精神〔霊〕のもとに圧せられていて、しかしながら人間の精神はまだ生まれていないかすでに消滅してしまったために不在のトーフ・ヴァヴォフ〔『創世記』一・二参照〕、すなわち荒涼とした空虚な宇宙にいるあらゆるもののうちに刻みこまれた苦悩」（p.66）は、ここから生まれてくる。しかし、それはわたしたちの恥ずかしさでもある。収容所を知らず、それでもどういうわけかその試合を観戦しているわたしたちの恥ずかしさでもあるのだ。その試合は、わたしたちのスタジアムでおこなわれるあらゆる試合のうちで、あらゆるテレビ放送のうちで、日常のあらゆるありきたりのもののうちでくり返されている。わたしたちがその試合を理解し、それを止めさせることができないかぎり、希望は絶対にないであろう。

1－9　証人は、ギリシア語では martys、すなわち殉難者である。最初の教父たちは、迫害されたキリスト教徒の死を指すために、その語から martyrium〔殉教〕という語を得た。迫害されたキリスト教徒は、死ぬことによって自分の信仰について証言したのである。収容所で起こったことは、殉教とはほとんど関係がない。このことについて、生き残った者たちの意見は一致している。「ナチズムの犠牲者たちを殉教者と呼んだなら、かれらの運命を神秘化することになる」(Bettelheim 1, p.93)。しかしながら、この二つのことがかすかに触れあうとおもわれる地点が二つある。最初の地点は、まさにこのギリシア語の単語にかかわるもので、それは「思い出す」を意味する動詞から派生している。生き残った者は、記憶を天命として授けられているのであり、思い出さないわけにはいかない。

> わたしの収容所生活の記憶はその前後に起こった他のどのことがらよりもはるかに鮮明で精細である（Levi 1, p.225)。
>
> わたしは言葉では説明しようのないあそこでの体験について目と耳の記憶を保持している。〔……〕わたしの知らない言語、すなわちポーランド語やハンガリー語の文句が、まるで磁気テープのように、わたしの心に録音されている。ポーランド人やハンガリー人に向かって、その文句をなぞって口にしてみたことがあるが、かれらはこれらの文句が分かるとわたしに

言ったものだ。わたしの知らないなんらかの理由により、なにか異常なことがわたしに起こったのである。証言するための無意識の準備とでもいうようなものが。（p.220）

一方、第二の地点では、接触はもっと深く、もっと教えられることが多い。たとえば〔西方教会最初の教父であった〕テルトゥリアヌスの『さそりの毒の解毒剤』のような殉教についての最初期のキリスト教文書を読むと、じっさいにも、思いがけないことを教えられる。教父たちは、まったく無意味な死（perire sine causa）に見えるがゆえに殉教を拒否する異端の諸派を相手にしていた。迫害者や処刑者のような人間たちの面前で信仰の告白をして、なんの意味があろう。かれらは、この告白をまったく理解しないというのに。神は無意味なことを望むはずがない。「無実の者たちが、このような仕打ちを受けるべきだろうか。〔……〕ただ一度だけ、キリストはわたしたちのためにみずからを犠牲にした。ただ一度だけ、殺された。まさにわたしたちが殺されずにすむように。キリストが返礼を求めているとすれば、それは、キリストもまた、わたしが殺されることによる救いを待ち望んでいるからだろうか。あるいは、神は、牛や山羊の血を嫌っているというのに、人間の血を欲していると考えなければならないのだろうか。罪人でない者の死を望むはずがあるだろうか」（Tertulliano, pp.63-65）。こうして、殉教の教義が、無意味な死という躓きの石、ばかげたことにしか見えない虐殺という躓きの石を正当化するために生まれる。一見したところ理由のない（sine causa）ものに見える死の光景を目の前にしても、『ルカによる福音書』一二・八－九と『マタイによる福音書』一〇・三二－三三を参照するなら（「わたしを人々の前で認める者は、わたしも、天の父の前でその人を認めます。しかし、人々の前でわたしを知らないと言うような者は、わたしも天の父の前で、そんな者は知らないと言います」)、殉教を神の命令と解することができ、その結果、理由のないものに理由を見いだすことができたのであった。

ところで、このことは、おおいに収容所とかかわりがある。というのも、大量殺戮そのものであれば先例を見つけることはおそらく可能であったろうが、収容所においては、大量殺戮はまったく意味を欠いた形であらわれるからである。このことについても、生き残った者たちの意見は一致している。「そのとき、語られなければならないものがわたしたちには想像もできないものに見えはじめた」(Antelme, p.v)。「あらゆる説明の試みは〔……〕徹底的に失敗した」(Améry, p.16)。「極端な宗教家たちが大量殺戮を預言者風に解釈しようとすることにわたしは腹を立てている。わたしたちの罪にたいする罰だというのである。ちがう。わたしはこれを認めない。無意味であるということこそが、大量殺戮をいっそう恐ろしいものにしているのだ」(Levi 1, p.219)。「ホロコースト」という不適切な言葉は、理由のない(sine causa)死を正当化しようとし、意味をもちえないように見えるものに意味をほどこそうとする、この無意識の欲求から生まれている。「〔……〕一言弁解しておくと、わたしはこのホロコーストという言葉が好きではないので、できれば使いたくないのである。しかし、そのほうが通じやすいので、使うことにする。文献学的には誤りである。〔……〕」(p.243)。「その言葉が生まれたとき、わたしはとても不快だった。のちに、それを造り出したのがほかでもないエリ・ヴィーゼルだということを知った。もっとも、かれはあとになって後悔し、撤回しようとしたようである」(p.219)。

1-10　しかしながら、誤った言葉の歴史にも教えられるところがある。「ホロコースト」はラテン語の holocaustum〔丸焼きの犠牲〕を学術語化したものである。ひるがえって、このラテン語はギリシア語の holócaustos を翻訳したものである（もっとも、これは形容詞で、文字どおりには「丸焼きの」を意味しており、相当するギリシア語の名詞は hololcaústōma〔丸焼きの犠牲〕である）。この語の意味の歴史は、本質的にはキリスト教にかかわっている。というのも、教父たちは、じっさいにはあまり厳格さと一貫性をともなっていないにしても、聖書（とくに『レビ記』と『民数記』）にある複雑な犠牲の教義を翻訳するために、その語を利用しているからである。『レビ記』はあらゆる犠牲を四つの基本的なタイプに還元している。すなわち、olah、hattat、shelamin、minha である。

それらのうちの二つの名称は表意的（significatif）である。hattat というのは、とくに hattat もしくは hataa という名の罪をあがなう役割をもった犠牲だった。それについては、残念ながら、『レビ記』の与えている定義はきわめて漠然としている。shelamin は、感謝、契約、誓願の行為によって神と交わる犠牲である。olah と minha の語はといえば、それらは純粋に記

✣　一九二八年、トランシルヴァニアでユダヤ系一家に生まれ、アウシュヴィッツに強制収容される。戦後、パリを経て、ニューヨークに定住。最初の長編小説『夜』以来、ユダヤ神秘主義の影響のもとで、アウシュヴィッツの犠牲の意味を問いつづけている。

> 述的（descriptif）である。そのおのおのが、犠牲の個々の作業のひとつをあらわしている。後者はいけにえが植物の性質をもっている場合のいけにえの奉献をあらわしており、前者は神に供物を送ることをあらわしている。（Mauss, p.44）

ウルガタ聖書✣は、おおむね、olah を holocaustum〔ホロコースト〕と訳し（holcausti oblatio〔ホロコーストの奉納〕）、hattat を oblatio〔奉納〕と訳し、shelamin（shalom すなわち「和解」から派生している）を hostia pacificorum〔和解の犠牲〕と訳し、minha を hostia pro peccato〔罪のための犠牲〕と訳している。holocaustum の語は、ウルガタ聖書からラテン教父たちのもとに移り、かれらは、聖書についての多くの注釈のなかで、本質的にはユダヤ教徒のおこなう犠牲を指すためにその語を用いる（ヒラリウス『詩篇注解』六五・二三がそうで、「ホロコーストとは、犠牲となる獣のすべての肉であり、まるごと犠牲の火にかけられたので、ホロコーストと呼ばれる（holocausta sunt integra hostiarum corpora, quia tota ad ignem sacrificii deferebantur, holocausta sunt nuncupata）」とある）。ここで、なによりも二つのことを指摘しておかなければならない。まず第一には、この語は、早くから教父たちによって、ユダヤ教徒との論争の武器として、血なまぐさい犠牲の無益さを非難するために、本来の意味で使われてきたということである（〔グノーシス派の指導者〕マルキオンについてのテルトゥリアヌスの言及を例にあげれば十分であろう。『マルキオン駁論』五・五には、「血なまぐさい犠牲と湯気を立てて悪臭を放つホロコーストを神が徴収することよりも愚かしいことがあろうか(quid stultius... quam sacrificiorum cruentorum et holocaustomatum nidorosurum a deo exactio?)」とある――アウグスティヌスの『マニ教徒ファウストゥス駁論』一九・四も参照)。第二には、この語は、キリスト教の殉教者たちの刑死を犠牲と同一視するために、比喩によってかれらにまで拡張され(ヒラリウス『詩篇注解』六五・二三「殉教者たちは信仰をあかしするために自分のからだをホロコーストとして捧げた(martyres in fidei testimonium corpora sua holocausta voverunt)」、ついにはキリストの十字架上の犠牲までもがホロコーストと呼ばれるにいたったということである(アウグスティヌス『ヨハネ福音書百二十四講解』四一・五「イエスは、十字架において、みずからをホロコーストとして捧げた(se in holocaustum obtulerit in cruce Iesus)」、ルフィヌス『オリゲネスのレビ記注解』一・四「十字架の木に捧げられたかれの肉のホロコースト(holocaustum... carnis eius per lignum crucis oblatum)」。

これを発端としてホロコーストという語は意味の移住を開始し、俗語のなかで、現代の辞典に記載されているような「神聖で至高の動機にたいする全面的な献身という意味合いをもった崇高な犠牲」の意味をしだいに色濃く担っていくこととなる。うち〔イタリア語で書かれたものについて見ると〕、マッテーオ・バンデッロ(『短篇物語集』〔一五〇七年から六〇年にかけて執筆〕二・二四)においては、本来の意味と比喩的な意味の両方が統合されているように見える。「子牛、山羊などの動物の犠牲やホロコーストは廃止され、その代わりに、今度は、世のあがない主にして救い主であ

✣　教皇の命によりヒエロニムスが中心となって編纂したラテン語訳聖書(四〇五年完成)。vulgata は editio vulgata(流布版)の略称。中世ヨーロッパをつうじて唯一の聖書だった。

るイエス・キリスト様の本物の肉と血という、汚れなく尊い子羊が捧げられる」。一方、比喩的な意味のほうは、ダンテ（心の祈りを指して、「天国篇」一四・八九「わたしは神にホロコーストを捧げた」）、サヴォナローラ、果ては〔パルテノペア共和国に参加した啓蒙主義哲学者の〕メルキオレ・デルフィコ〔一七四四－一八三五〕（「多くの者が完全なホロコーストとして祖国に身を捧げる」）と〔ポスト・リソルジメント期の愛国主義的精神の流れを汲む詩人の〕ジョヴァンニ・パスコリ〔一八五五－一九一二〕（「わたしが思うに、ホロコーストとなるほどの不可避的で甘美な犠牲にキリスト教の本質がある」）のうちに認められる。

しかし、この語をユダヤ教徒にたいする論争の役割に使う用法の歴史もまだ続いていた。それは、もっとひそやかで、辞典に記載されていない歴史であるにしてもである。わたしは、主権について探索するうちに、中世の年代記作者の一節にたまたま出会った。その一節は、わたしの知るかぎりで、「ホロコースト」という語によってユダヤ教徒虐殺を指す最初の用例であるが、この場合は激しい反ユダヤ主義に着色されている。ディヴァイジズのリチャード一世の戴冠式の日に（一一八九年）、ロンドンの人々はことのほか血なまぐさいポグロム〔ユダヤ教徒虐殺〕に身をまかせたという。

まさに王の戴冠式の日に、御子が御父に犠牲に供されたのとほとんど同じ時に、ロンドンの町で、ユダヤ教徒たちをかれらの父なる悪魔に犠牲に供しはじめた（incoeptum est in civitate Londoniae immorale judaeos parti suo diabolo）。この聖劇の挙行は長く続いたので、ホロコーストは翌日になるまで終えることができなかった。そして、同地方のほかの町や村も、ロンドン人の信仰を見習って、同じくらいの献身ぶりでもって、ヒルどもを血まみれにして地獄に送った（pari devotione suas sanguisugas cum sanguine transmiserunt ad inferos）。（Bertelli, p.131）

婉曲語法とはじっさいに口にされるのを聞きたくないものについて本来の表現を和らげた表現か別の表現によって代用することを暗に意味するのであるから、婉曲語法を作ると両義性が生まれるのがつねである。しかし、この場合は、両義性の度が過ぎている。ユダヤ教徒もまた、大量虐殺を指すのに、婉曲語法を用いる。「ショアー（šō'āh）」という語がそれである。これは「壊滅、破局」を意味しており、聖書では、たいていは神の罰の観念を含んでいる（たとえば、『イザヤ書』一〇・三「刑罰の日に、ショアーが遠方よりやって来るというのに、おまえたちはどうするつもりなのか」）。レーヴィが大量虐殺をわたしたちの罪にたいする罰と解釈する試みについて語るとき、おそらくかれはこの語のことを言っているのだろうが、この婉曲語法の場合は、あざけりはまったく含まれていない。反対に、「ホロコースト」という語の場合は、たとえ遠回しにではあっても、アウシュヴィッツと聖書のolah、ガス室での死と「神聖で至高の動機にたいする全面的な献身」を結びつけることは、愚弄としかおもえない。この語は、火葬場の炉と祭壇を同一視するという受け入れがたいことを前提としているだけでなく、反ユダヤ主義的な色合いをはじめから担っている意味の遺産を相続している。したがって、ここでは、この語をけっして使わないことにする。この語をあいかわらず使う者は無知か無神経さ（あるいはその両方）を露呈しているのである。

1-11　数年前、フランスの新聞にわたしが強制収容所についての評論を発表したとき、ある人が新聞の編集長に手紙をよこして、わたしの分析は「アウシュヴィッツの、類例のない、言語を絶する性格をだいなしにする（ruiner le caractère unique et indicible de Auschwitz）」ものだと非難した。その手紙の主がいったいなにを考えたのか、わたしは何度も自問したものである。アウシュヴィッツが類例のないできごとであったというのは、（将来についてはそうであることを希望できるにすぎないが、すくなくとも過去については）きわめてありそうなことである（「広島と長崎の恐怖、グラーグ〔ソ連の強制労働収容所〕の恥さらし、ベトナムでの無益で血なまぐさい戦闘、カンボジアでの自国民大量殺戮、アルゼンチンでの行方不明者たちなど、その後わたしたちが目にすることになった残忍で愚かしいたくさんの戦争があったが、ナチスの強制収容の方式は、わたしが書いているこの時点まで、量についても質についても類例のないもの（unicum）である」Levi 2, p.11f）。しかし、なぜ言語を絶しているのだろう。なぜ大量殺戮に神秘主義の栄誉を与えなければならないのだろう。

西暦三八六年にヨアンネス・クリュソストモスはアンティオケイアで『神の把握しがたさ〔理解不可能性〕について』という論文を書いた。「神が自分自身について知っていることのすべてをわたしたちはわたしたち自身のうちにも容易に見いだす」から神の本質は理解されうると主張する論敵たちをかれは相手にしていた。「言語を絶し（arrhetos）」、「名状しがたく（anekdiēgētos）」、

「書きあらわしえない（anepigraptos）」神の絶対的な理解不可能性をかれらに抗して雄弁に主張するとき、ヨアンネスは、まさにこれが神を讃える（doxan didonai）ための、また神を崇める（proskyein）ための最良の言い方であることをよく理解している。しかも、神は、天使たちにとっても理解不可能である。しかし、このためにますます天使たちは神を讃え、崇め、休みなく自分たちの神秘的な歌を捧げることができる。天使の勢力にヨアンネスが対置するのは、いたずらに理解しようとする者たちである。「前者（天使たち）は讃え、後者はなんとしても知ろうとする。前者は沈黙のうちに崇め、後者は躍起になる。前者は目をそらし、後者は、恥じることもなく、名状しがたい栄光を凝視する」（Chrysostome, p.129）。「沈黙のうちに崇める」と訳した動詞は、ギリシア語原文では euphēmein である。もともと「敬虔な沈黙を守る」を意味するこの語から「婉曲語法（eufemismo）」という近代語が派生する。この近代語は、羞恥もしくは礼儀のために口にすることのできない言葉を代用する言葉を指す。アウシュヴィッツは「言語を絶する」とか「理解不可能である」と言うことは、euphēmein、すなわち沈黙のうちにそれを崇めることに等しい。神にたいしてそうするがごとくにである。すなわち、そのように言うことは、その人の意図がどうであれ、アウシュヴィッツを讃えることを意味する。これにたいして、わたしたちは「恥じることもなく、名状しがたいものを凝視する」。たとえ、その結果、悪が自分自身について知っていることをわたしたちはわたしたち自身のうちにも容易に見いだすということに気づかせられることになろうともである。

1－12　しかしながら、証言のうちには欠落がある。このことについて、生き残った者たちの意見は一致している。

あらゆる証言のうちには、もうひとつの欠落もある。証人たちは、定義上、生き残った者たちであり、したがって、その全員がいくらか特権を享受しているのだ。〔……〕普通の囚人の運命については、だれも語っていない。というのも、普通の囚人にとっては、生き残ることは物理的に不可能だったからである。〔……〕普通の囚人のことはわたしもさきに述べた。「回教徒」〔第２章を見られたい〕について語るときにである。しかし、回教徒たちは語ってはこなかったのだ。（Levi 1, p.215f）

その体験をしていない者たちは、それがなんだったのかを知るすべはない。その体験をした者たちは、もうそれについて語ることはない。本当に、どこまでも語ることはないのだ。過去は死者たちに属している。〔……〕（Wiesel, p.314）

この欠落について考察するときが来た。この欠落は証言の意味そのものを疑問に付し、それとともに、証人のアイデンティティと信憑性をも疑問に付す。

くり返し言うが、わたしたち、生き残って証言する者は、本当の証人ではない。〔……〕わたしたち、生き残った者は、わずかな少数者であるだけでなく、例外的な少数者である。わたしたちは、不正のゆえに、あるいは能力のゆえに、あるいは幸運のゆえに、底に触れることのなかった者たちなのである。底に触れた者、ゴルゴンを見てしまった者は、戻ってきて語ることはなかった。あるいは、戻ってきたとしても、黙していた。しかし、かれら、「回教徒」、沈んでしまった者たちこそは、完全な証人であり、包括的な意味内容をもった証言ができたはずの者である。かれらが正規なのであって、わたしたちは例外なのだ。〔……〕運がよかったわたしたちは、自分の運命についてだけでなく、他人の運命についても、そう、沈んでしまった者たちの運命についても、多少の知恵を働かせて語ろうとした。しかし、それは「第三者の立場からの」話、身をもって体験せずに傍から見たことについての話だった。完遂された破壊、なしとげられた作業については、だれも語ってこなかった。戻ってきて自分の死について語ることはだれにもけっしてできないのだ。それだけでない。沈んでしまった者たちは、たとえ紙とペンをもっていたとしても、証言することはなかっただろう。というのも、かれらの死は、身体的な死よりも前に始まっていたからである。死ぬよりも数週間前、数か月前に、かれらはすでに観察し記憶し比較考量し、考えを述べる力を失っていた。わたしたちは、かれらの代わりに、代理として語っているのである。（Levi 2, p.64f）

証人は、通常は真実と正義のために証言する。そして、その言葉は、この真実と正義から充実と充足を得ている。しかしここでは、証言は、本質的には、それに欠けているもののゆえに価値がある。ここでは、証言は、その中心に、証言しえないものを含んでおり、それが生き残って証言する者たちから権威を奪っている。「本当」の証人、「完全な証人」は、証言したことがなく、証言しようにも証言することができなかった者である。「底に触れた」者、回教徒、沈んでしまった者である。生き残って証言する者たちは、さも証人であるかのような顔をして、かれらの代わりに代理として語る。生き残りたちの供述する証言は欠落した証言なのだ。しかし、代理について言い立てても、ここではなんの意味もない。沈んでしまった者たちは、語るべきものはなにももっておらず、伝えるべき教えも記憶ももっていないからである。かれらは「物語」(Levi 3, p.82)も「顔」ももっておらず、まして「考え」(ibid.)ももっていない。かれらのために証言する責務を引き受ける者は、自分が証言するのは証言することの不可能性のためでなければならないことを知っている。しかし、このことは証言の価値を決定的に変え、証言というものの意味を思いがけない領域に探しにいくことを強いる。

1―13 証言のうちに証言不可能性のようなものがあることは、すでに指摘されていた。一九八三年、ジャン＝フランソワ・リオタールの著作『ディフェラン〔文の抗争〕』があらわれた。それは、ガス室の存在を否定しようとする論者たちの最近の主張を皮肉まじりに取りあげて、そこにひとつの論理的パラドックスがあるのを確認することでもって始まっている。

言葉の能力をそなえた人間たちが、それがどういう状況であったのかをもうだれも報告することができないような状況に置かれていたことが知られるようになった。その大部分は、その時に死んでおり、生き残った者も、まれにしかそれについて話さない。たとえ話したとしても、かれらの証言は、この状況のうちの取るに足りない部分にしか触れていない。となると、この状況そのものが実在したのかどうかは、どうすればわかるというのだろう。報告者の想像力の産物ということはないのだろうか。その状況そのものが実在しなかったか、あるいは実在したとしても、その場合には報告者は死んだか沈黙しているはずであるから、報告者の証言はにせものであるか、のどちらかである。〔……〕ガス室を自分の目でじっさいに見たということが、それが実在すると語る権限を報告者に付与し、信じない者たちを納得させる条件であろう。しかし、報告者は、ガス室を見た瞬間にそれに殺されたことも証明しなければならないだろう。そして、それに殺されたことについての唯一認めうる証明は、死んだという事実によって提供される。しかし、死んだのであれば、それがガス室のせいであることを証言できない。(Lyotard, p.19)

その数年後、イェール大学でおこなわれた調査のさいにショシャナ・フェルマンとドーリー・ラウプはショアーの概念を「証人のいない事件」として練りあげた。そして一九八九年、この二人の著者のうちのひとり〔フェルマン〕が、この概念をクロード・ランズマンの映画〔『ショアー』(一九八五年)〕にたいするコメントの形でさらに発展させた。ショアーとは、二重の意味で証人のいない事件である。というのも、死の内側から証言できる人はおらず、声の消失のために声は存在しないがゆえに、ショアーについて内側から証言することは不可能であり、外側にいた者は、定義上、事件の現場から排除されているがゆえに、それについて外側から証言することも不可能だからである。

〔……〕外側から真実を語ること、証言することは、じつは不可能である。しかし、すでに検討したように、内側から証言することも不可能である。わたしが思うに、この映画全体の不可能な立場と証言の努力は、まさしく、もっぱら内側にいるわけでもなく、もっぱら外側にいるわけでもなく、逆説的なことに、外側にいると同時に内側にいるということにある。この映画は、戦争中には存在しなかったし今日もなお存在しない橋を内側と外側のあいだにかけようとする。両者を接触させ、対話させるために。(Felman, p.89)

この内と外のあいだの無区別な閾（あとで見るように、これは「橋」でもなければ「対話」でもない）こそは、証言の構造の理解に導くことができたかもしれないにもかかわらず、この著者が問い忘れているものである。反対に、わたしたちは、分析というよりも、歌の比喩に頼ることによって、論理的不可能性から美的可能性にいたる横すべりに立ち会わされることになるのだ。

この映画において証言の力を生み出し、この映画全般の力の源となっているものは、言葉ではなく、言葉と声のあいだの曖昧で人を困惑させるような関係、言葉、声、リズム、旋律、イメージ、文字、沈黙のあいだの相互作用である。証言はどれも、その言葉を越えて、その旋律を越えて、比類のない歌の上演のように、わたしたちに語りかけてくる。(p.139f)

歌という急場しのぎの解決策(デウス・エクス・マーキナー)によって証言のパラドックスを説明することは、証言を美学の対象にすることに等しい。これは、ランズマンがやらないように気をつけていたことである。詩も歌も、不可能な証言を救出しようとして介入することはできない。反対に、証言のほうこそが、もしできるとすれば、詩の可能性を基礎づけることができるのである。

1－14　正直な知性が示す無理解にはしばしば教えられるところがある。プリモ・レーヴィは難解な作家を好まなかったが、パウル・ツェラーン✣の詩には惹かれていた。本当には理解できなかったにしてもである。「難解に書くことについて」と題された短いエッセイのなかで、レーヴィは、読者にたいする軽蔑のためか表現力が足りないために難解に書く者たちと、ツェラーンを区別している。ツェラーンの作詩法の難解さは、「すでにあらかじめ自殺していること、存在するのを望まないこと、望んでいた死がその仕上げとなるような世界逃避」(Levi 4, p.637) のことを考えさせるというのだ。ツェラーンがドイツ語にたいしておこなう、かれの愛読者をたいへんに魅

✣　一九二〇年ルーマニアのチェルノフツィに生まれ、第二次大戦後パリに住みながら、ドイツ語で書いた詩人。代表作は『罌粟と記憶』(一九五二年) に収められている「死のフーガ」。七〇年四月セーヌ川に入水自殺。

了した途方もない加工は、レーヴィによってはむしろ――わたしが思うに考察に値する理由から――、ばらばらな吃音、あるいは死に瀕した者のあえぎになぞらえられる。

ページが進むごとに大きくなっていくこの闇は、ついにはばらばらな吃音に達し、死に瀕した者のあえぎのように人を驚愕させる。じっさいにも、それは死に瀕した者のあえぎにほかならないのだ。それはわたしたちを深淵が巻きこむように巻きこむ。しかしまた同時に、それはわたしたちを欺いて、言ってしかるべきであったことを言わず、わたしたちをむちで打って追い払う。ツェラーンという詩人は、模倣をするよりも、瞑想し、ともに悲しまなければならない詩人なのだとわたしはおもう。かれの詩はメッセージであるとしても、そのメッセージは「雑音」のうちに消失してしまっている。それはコミュニケーションではなく、言葉ではない。言葉だとしても、せいぜいのところ、晦渋で不完全な言葉である。死に瀕した者の言葉がまさにそうであるように。そして、それは孤立している。わたしたちはみな死に瀕したときにそうなるように。(ibid.)

レーヴィには、すでにアウシュヴィッツで、ばらばらな吃音、非‐言語のようなもの、不完全で晦渋な言葉をなんとかして聞き取り、解釈しようとする機会があった。それは、解放のあとの日々のこと、ロシア軍が生き残った者たちをブーナからアウシュヴィッツの「大収容所」に移送するときのことであった。このとき、レーヴィの関心は、収容者たちがフルビネクと呼んでいた子供にすぐさま惹きつけられた。

フルビネクは無であり、死の子であり、アウシュヴィッツの子だった。見たところは三歳くらいだが、だれもかれについてはなにも知らなかった。話すことができず、名前もなかった。その奇妙な名前、フルビネクは、わたしたちが、おそらくは女性のひとりが付けたのだった。その女性は、この幼子がときおり発する言葉にならない声のひとつを、そういう綴りに聞き取ったのである。かれは腰から下が麻痺していて、足は萎縮し、棒のように細かった。しかし、かれの目は、痩せこけてやつれた顔のなかに没しそうになりながらも、ものすごく鋭かった。要求に満ちあふれ、主張に満ちあふれ、爆発しようとする意欲、唖という墓石をぶち割ろうとする意欲に満ちあふれていた。かれに欠けていた言葉、だれもかれに教えてやろうとしなかった言葉、言葉、言葉への欲求が、かれのまなざしのなかには、いまにも爆発しそうなくらいにみなぎっていた。〔……〕（Levi 3, p.166）

ところがあるとき、フルビネクはひとつの言葉をたえずくり返すようになる。収容所のだれも、その意味がわからない。レーヴィは、不確かながらも、それを mass-klo もしくは matisklo と書き取る。

その夜、わたしたちは耳をそば立てた。そう、フルビネクのいる片すみから、ときおりひとつの音が、ひとつの言葉が聞こえてきたのである。じつをいえば、いつもまったく同じというわけではなかった。それでもひとつの言葉であることはたしかだった。もっと正確にいえば、それはわずかずつちがったふうに発音される言葉であり、ひとつの語幹、ひとつの語根、おそらくはひとつの名辞をめぐって試みられるヴァリエーションであった。(ibid.)

みなが、その音、その生まれようとしている言葉に耳を傾け、解読しようとする。しかし、ヨーロッパのあらゆる言語の話し手が収容所にはいたにもかかわらず、フルビネクの言葉はその意味をかたくなに秘めたままである。

いや、まちがいなく、それはメッセージではなかった。なにごとかを告げようとした言葉ではなかった。それはかれの名前だったのかもしれない。かれもまた本来の名前を以前にもっていたとすればである。あるいは、(わたしたちの説のひとつによれば)それは「食べる」とか「パン」を意味していたのかもしれないし、ボヘミア語で「肉」を意味していたのかもしれない。これはわたしたちのうちのひとりがみごとな論証によって主張したことで、その者はこの言語を知っていた。〔……〕フルビネク、名前のないもの。それでも、かれのちっぽけな前腕部にはアウシュヴィッツの入れ墨が入れられていた。フルビネクは一九四五年三月の初旬に死んだ。自由の身にはなったが、救済されることはないままに。かれについて残っているものはなにもない。かれはこのわたしの言葉を介して証言するのである。(p.167)

おそらくこの秘密の言葉こそ、レーヴィがツェラーンの詩の「雑音」のうちに消失してしまっていると感じたものである。しかしそれでも、かれはアウシュヴィッツで、証言されないもの（intestimoniato）になんとか耳を傾け、そこから mass-klo、matisklo という秘密の言葉を受け取ろうとした。この意味では、おそらくあらゆる言葉、あらゆる文字は、証言として生まれるのではないだろうか。だからこそ、それが証言するものは、けっして言葉ではありえず、けっして文字ではありえない。それが証言するものは、証言されないものでしかありえない。そして、これは、欠落から生まれてくる音であり、孤立した者によって話される非‐言語である。非‐言語を言語が引き受け、非‐言語のうちで言語が生まれるのだ。この証言されないものの本性について、証言されないものの非‐言語についてこそ、問わなければならない。

1‐15　フルビネクは証言することができない。というのも、かれは言語をもたないからである（かれの発する言葉は、mass-klo もしくは matisklo という、不確かで意味を欠いた音である）。しかし、かれは「このわたしの言葉を介して証言する」。といっても、生き残って証言する者もまた、完全に証言することはできず、自分のうちにある欠落を語ることはできない。このことが意味するのは、証言とは二つの証言不可能性の出会いであるということ、言語は、証言するためには、非‐言語に席をゆずって、証言不可能性をあらわにしなければならないということである。証言の言語とは、もはや意味作用をおこなわない言語である。が、それはまた、それ自身の非意味作用のもとで言語をもたない者のうちに入りこんで、ついにはもうひとつの非意味作用を受け取るにいたる。完全な証人の非意味作用、すなわち、定義上証言することのできない者の非意味作用を受け取るにいたるのである。したがって、証言するためには、言語をそれ自身の非‐意味にまで、単なる文字列(m-a-s-s-k-l-o、m-a-t-i-s-k-l-o)にまで導いていくだけでは不十分である。その意味を欠いた音は、今度は、まったく別の理由のために証言することのできない何物か、あるいは何者かの声でなければならない。いいかえれば、証言不可能性、人間の言語を構成する「欠落」は、自分自身のうちに深く沈みこんでいって、もうひとつの証言不可能性に席をゆずらなければならない。言語をもたないものの証言不可能性にである。

言語が証言されないものから書き取ったと信じている痕跡は、いまだになお言語の発する言葉(parola della lingua)ではない。言語がもはや初めにはなく、——ただ単純に——証言せんがためにそこから脱落するときに生まれるものこそが、言語の発する言葉なのだ。「かれ〔使徒ヨハネ〕は光ではなかった。光について証言するために来たのである」〔『ヨハネによる福音書』一・八〕。

第2章 「回教徒」

2－1　証言しえないものにも名前がある。収容所で通用していた隠語で、der Muselmann、すなわち「回教徒」と呼ばれたものがそれである。

あらゆる希望を捨て、仲間から見捨てられ、善と悪、気高さと卑しさ、精神性と非精神性を区別することのできる意識の領域をもう有していない囚人が収容所（ラーガー）の言葉で呼ばれた名にしたがうなら、いわゆる回教徒（ムーゼルマン）である。かれはよろよろと歩く死体であり、身体的機能の束が最後の痙攣をしているにすぎなかった。わたしたちは、それがどれほど苦渋に満ちた選択におもわれようとも、かれを顧慮の外に排除しなければならない。（Améry, p.39）

（かくてはここでも証言には欠落が生じることになるが、今回はそれが意識的に要請されている。）

わたしたちが風呂場に通じる階段を降りているあいだ、その後のわたしたちの呼称によれば回教徒（ムーゼルマン）の一団がわたしたちと一緒に降りさせられたのを、わたしは覚えている。かれらは、ミイラ人間、生けるしかばねだった。わたしたちに見せるだけのために、かれらはわたしたちと一緒に降りさせられたのである。お前たちもいずれこうなるのだ、とわたしたちに言わんばかりにである。（Carpi, p.17）

そのＳＳ隊員はゆっくりと歩きながら、自分のほうにまっすぐに向かってくる回教徒のほうをじっと見ていた。わたしたちはみな、なにが起こるのかを見ようと、左側を盗み見ていた。その鈍感で意志を失った者は、木靴を引きずりながら、ＳＳ隊員のちょうど腕のなかに倒れこんだ。ＳＳ隊員は回教徒をどなりつけ、頭を鞭で打った。回教徒は、なにが起こったのかわからないまま、立ち止まった。帽子を取るのを忘れていたため、第二、第三の鞭打ちを受けると、赤痢にかかっていたため、おもらしを始めた。悪臭を放つ黒い流動物が木靴にまき散らされるのを見て、ＳＳ隊員は逆上した。ＳＳ隊員は回教徒に飛びかかり、腹を蹴りたてた。その不運な男が自分の糞便のうえに倒れこんだあとも、ＳＳ隊員は頭や胸を蹴った。回教徒は抵抗しなかった。最初の蹴りで回教徒は二つに折れ曲がり、さらに二回蹴られたあとにはもう死んでいた。（Ryn et Klodzinski, p.128f）

栄養失調症の徴候は、二つの時期に区別しなければならない。第一期の特徴は、やせ細ること、筋肉の弛緩、運動の力をしだいに失うことである。この段階では、人体組織はまだそれほどひどくは損なわれていない。病人は、動きの緩慢さと力の喪失以外の徴候を示すことはない。いくらか激しやすいこと、独特の癇癪を別にすれば、心的なタイプの変調があらわれるわけでもない。第一期から第二期への移行の瞬間を見きわめるのは難しかった。ある者には、ゆっくりと徐々に起こった。またある者には、きわめて急激に起こった。だいたいにおいて、第二期は、餓えた者が通常の体重の三分の一を失ったころに始まることが予測できた。やせ細りつづけると、顔の表情さえ変わった。まなざしは鈍り、顔の表情は無関心で機械的で陰鬱になった。目にはくもりがかかり、眼窩は深くくぼんだ。皮膚は薄い灰色になり、薄く堅くなって紙のようになり、剝離しはじめた。あらゆるタイプの感染症と伝染病、とりわけ疥癬にひどくかかりやすかった。毛髪はこわばり、くすんだ色になり、切れやすくなった。頭部が長くなり、頬骨と眼窩がくっきりとあらわになった。病人の呼吸は緩慢で、たいへんな努力をしてやっと小声で話した。栄養失調の状態の長さに応じて、大小の浮腫があらわれた。それは、はじめは下まぶたと足にあらわれ、一日のうちのどの時間であるかに応じて、異なった箇所にあらわれた。ひと晩休んだあと、朝になると、とりわけ顔にそれが認められた。反対に、晩になると、足先、および下肢の上部や下部に認められた。立っていると、体液が下半身にたまった。栄養失調の度合いが増せば増すほど、浮腫は広がった。とりわけ、何時間も立っていなければならない者の場合はそうであった。まずは下肢の下部、ついで股、尻、陰嚢、はては腹にまで広がった。このむくみに、たいていは下痢がともなった。下痢は、浮腫が広がるよりも前にあらわれることが多かった。この時期には、病人は自分のまわりで起きていることのすべてに無関心となった。周囲とのあらゆるつながりから、みずからはずれていった。まだ歩ける場合は、スローモーションのようにゆっくりと、ひざを曲げずに歩いた。かれらの体温は通常は三十六度以下に下がっているため、寒さにふるえた。病人の一団を遠くから見ると、アラブ人が祈っているような印象を受けた。この姿から、栄養失調で死に瀕している者たちを指すのに、回教徒という、アウシュヴィッツで普段使われた名称が生まれたのである。(Ryn et Klodzinski, p.94)

回教徒は、だれの憐れみの情もかき立てることがなく、だれの同情も当てにすることができなかった。囚人仲間は、いつも自分の暮らしに気を取られていたので、かれのことを一顧だにしなかった。協力者の囚人にとって、回教徒たちは怒りと心配の種であり、SSにとっては、いらないごみにすぎなかった。どちらも、それぞれのやり方で、かれらを取り除こうとばかり考えていた。(ibid., p.127)

ガス室に向かっていく回教徒は、みな同じ物語をもっている。いや、もっと正確に言えば、物語をもっていない。かれらは、底に達するまで坂を降りていった。小川が海に向かっていくように自然にである。収容所に入ってくると、かれらは、自分自身にそなわった無能さのために、あるいは不運のために、あるいはなにかつまらない事件のために、適応できるようになる前に打ち負かされた。たちまちのうちに打ちのめされるので、ドイツ語を覚えて、法律や禁令のとてつもない絡まりあいを識別するようになる前に、もうかれらの体はだめになっていて、かれらを選別や衰弱死から救う手だてはもうなくなっている。かれらの命は短いが、その数は莫大である。かれら、回教徒、沈んでしまった者たちこそが、収容所の中枢である。神の火花が自分のなかで消えてしまい、本当に苦しむことはできないくらいにすでに空っぽになっているため、無言のまま行進し、働く非－人間たちの、たえず更新されてはいるがつねに同一の匿名のかたまりこそが、収容所の中枢をなしているのだ。かれらの死を死と呼ぶのはためらわれる。というのも、かれらは疲弊しきっているために死を理解することができないので、死を前にしても恐れることがないからである。わたしの記憶は、かれらの顔のない姿でいっぱいである。いまかりにも現代の悪のすべてをひとつのイメージのうちに凝縮させることができるとすれば、わたしは自分になじみのつぎのようなイメージを選ぶだろう。やせ細り、うなだれ、背中を丸め、表情や目に思考の痕跡を読みとることのできない人間というのが、それである。(Levi 3, pp.81-82)

2－2　回教徒（ムーゼルマン）という言葉の起源については、意見が一致していない。しかも、隠語ではよくあるように、同義語も少なくない。

この言葉は、まずアウシュヴィッツで使われ、そこからほかの収容所（ラーガー）に広まった。マイダネクではこの言葉は知られておらず、「生けるしかばね」を指すのに、Gamel（飯ごう）という言葉が使われていた。一方、ダッハウでは Kretiner（阿呆）、シュトゥットホーフでは Krüppel（不具）、マウトハウゼンでは Schwimmer（「スイマー」すなわち死体のように浮かんでいる者）、ノイエンガンメでは Kamele（らくだ、すなわち頓馬の比喩）、ブーヘンヴァルトでは müde Scheichs（「くたびれたシェイク」すなわち耄碌）、ラーフェンスブリュックでは Muselweiber（女回教徒）あるいは Schmuckstücke（飾り物、もしくは飾り玉）と呼ばれていた。（Sofsky, p.464）

もっとも本当らしい説明は、ムスリムというアラビア語の単語の文字どおりの意味を参考にしたものである。その語は無条件に神の意志に服従する者を意味する。また、それはイスラム教の宿命論と称されるものについての、中世よりヨーロッパ文化に広く流布していた伝説の発端ともなっている（その語は、こうした軽蔑をこめた歪曲を受けたものとして、ヨーロッパ各国語、とりわけイタリア語のうちにはっきりと認められる）。しかし、ムスリムの忍従は、アッラーの意志はあらゆる瞬間にどれほど小さなできごとのうちにも働いているという信念のうちで安らぎを得ているのにたいして、アウシュヴィッツの回教徒は、意志と自覚をすっかり失っているように見える。

かれらはすでに生きる意志をすっかり失っている者たちのうちの比較的大きな層である。かれらは収容所では回教徒と呼ばれていた。すなわち、絶対的宿命論の民である。しかしながら、かれらが死を覚悟しているのは、意志を実現させたことによるのではなく、意志を破壊させてしまったことによるものだった。かれらは起こることを起こるがままにしていた。なぜなら、かれらの力のすべてがそがれ、無にされていたからである。(Kogon, p.400)

説得力は乏しくなるが、ほかの説明もある。たとえば、『ユダヤ百科事典』の「回教徒（ムーゼルマン）」の項目に記載された説明がそうである。「とくにアウシュヴィッツで用いられたもので、この語は、そこの囚人に特有の姿勢、すなわちオリエント風に足を折りたたみ、顔を仮面のように硬直させながら、地面にうずくまる姿勢に由来する」。あるいは、マルザレクによる説明がそうである。かれによれば、この語は「たえず上体を倒しては起こすことによって祈るアラブ人に特有の動作」(Sofsky, p.464) を暗に指していたという。あるいはまた、とても真実とはおもえないが、Muselmann を Muschelmann、すなわち貝殻人間、からだを折りたたんで閉じこもった人間と解釈する説明もある（レーヴィが「貝殻人間」について語るとき、これのことを暗に指しているようである）。

いずれにしても、たしかなことは、ユダヤ人は——一種の残酷な自嘲とともに——自分たちがアウシュヴィッツでユダヤ人として死んでいくのではないことを知っているということである。

2-3　この語の起源についての意見の不一致にちょうど合わせるように、この語を登録すべき意味と学問の領域もふたしかである。収容所（ラーガー）で長く働いたフェイキールのような医師が回教徒を疾病学的な病像としてあつかおうとしたこと、収容所に特有の栄養失調からくる特殊な病気としてあつかおうとしたことは、驚くべきことではない。ある意味では、ブルーノ・ベッテルハイムが一九四三年に「極限状況における個人と集団の行動」という論文を『異常社会心理学ジャーナル』に発表したときに、この道は開かれたのであった。エレオノラ・ローズヴェルトの尽力によって解放される前の一九三八年から三九年にかけて、ベッテルハイムは、ダッハウとブーヘンヴァルトという、当時最大の二つの政治犯向けナチス強制収容所で一年間を過ごした。その時期の収容所の生活条件はアウシュヴィッツの生活条件とは比較にならないものであったが、それでもベッテルハイムは回教徒を一目見たとたん、「極限状況（extreme situation）」が収容者の人格にたいして引き起こす前代未聞の変容がどのようなものであるかをただちに理解した。こうして、回教徒はかれにとってのパラダイムとなり、かれはのちにアメリカ合州国に移住すると、それをもとにして児童精神分裂症研究を創始し、知的障害児学校を創設した。その学校はかれが自閉症児の治療のためにシカゴに開いたもので、いわば回教徒の反転図であり、かれはそこで、回教徒たちが人間に戻れるように指導したのであった。『うつろな砦』〔一九六七年〕のなかで子供の自閉症について記述した細密な現象学的記述のなかには、回教徒の行動をみずからのひそかな前例と解釈のパラダイムとしていないくだりはひとつもない。「囚人にとって外部の現実であったものが、自閉症児にとっては内面の現実である。いずれも、それぞれ異なった理由によりながらも、類似した世界経験をもつにいたっている」(Bettelheim 2, p.46)。自閉症児が現実を全面的に無視して空想の世界に引きこもるのと同様に、回教徒となった囚人も現実の因果関係に注意を払わなくなり、それを錯乱した空想に取り替えた。こうして、ジョーイ、マルシア、ローリーをはじめとする知的障害児学校の児童たちの斜視に似た視線、ぐずぐずした歩き方、執拗な反復行動、無口のうちに、かれはダッハウで回教徒がかれにかけた謎を解くことのできる解法を探りあてたのである。しかし、回教徒がベッテルハイムにとって臨床医学のカテゴリーに尽きるものではなかったのと同様に、「極限状況」の概念は、かれにとって、道徳的、政治的な含意をともなうことをけっしてやめなかった。極限状況において賭けられていたのは「人間でありつづけるか否か」(Bettelheim 3, p.214) であったのであるから、言ってみれば、回教徒は、人間が非‐人間に移行し、臨床診断が人間学的分析に移行するための可動的な閾を指し示していたわけである。

レーヴィにかんしていえば、かれの最初の証言は一九四六年にソ連当局の求めに応じて書かれた「モノヴィッツ（アウシュヴィッツ、北部シュレージエン）のユダヤ人強制収容所の保健衛生体制にかんする報告」であったが、かれが証言するよう求められた体験の本質がどのようなものであったかは疑問の余地がなかった。「本当にわたしが関心をもっているのは、人間の尊厳と人間の尊厳の欠如なのです」。かれは、一九八六年にバルバラ・クライナーに向かって、おそらくはこのインタビュアーにはわからなかったにちがいない皮肉をこめて、こう言明している (Levi 1, p.78)。アウシュヴィッツがかれに発見させた倫理の新しい題材はたしかに概括的な判断も区別

✣　一九〇三年オーストリアのウィーンに生まれ、ユダヤ人強制収容所に入れられたのち、戦後、アメリカ合州国に移住。シカゴ大学で精神分析学を教えた。一九九〇年没。

も許さないものだったのであり、尊厳の欠如は、かれが好むと好まざるとにかかわらず、尊厳と同じくらいにかれの関心を惹かないわけにはいかなかったのである。それどころか、アウシュヴィッツの流儀における倫理は――このこともまたレーヴィのアウシュヴィッツ体験記の『これが人間か』という修辞的なタイトルのうちに皮肉な調子でこめられていたのであるが――回教徒、「完全な証人」が人間と非‐人間を区別するいっさいの可能性を永遠に奪ったちょうどその瞬間に始まっていたのであった。

しかも、回教徒が棲みかとした生と死、人間的なものと非人間的なものの極限的な閾が政治的な意味をもちうるということ、このこともまた明確に主張されていた。

> 回教徒は絶対権力の人間学的な意味をきわめてラディカルな形で体現している。じっさい、殺すという行為においては、権力はみずからを廃棄してしまう。他者の死は社会的関係を終わらせるからである。反対に、権力は、みずからの犠牲者を餓えさせ、卑しめることによって、時間をかせぐ。そして、このことは権力に生と死のあいだにある第三の王国を創設することを可能にさせる。死体の山と同様に、回教徒もまた、人間の人間性にたいする権力の完全な勝利のあかしなのである。まだ生きているにもかかわらず、そうした人間は名前のない形骸となっている。こうした条件を強いることによって、体制は完成を見るのである。(Sofsky, p.294)

そのつど疾病学的な病像となったり倫理のカテゴリーとなったり、政治的限界となったり人間学的概念となったりといった具合で、回教徒というのは、不定の存在である。そこでは、人間性と非-人間性だけでなく、植物的な生と社会的な生、生理と倫理、医療と政治、生と死までもが、連続的に溶解することなく一方から他方へと移行する。このようなわけで、かれの「第三の王国」は、収容所の完全数である。学問のあらゆる垣根がくずれ、あらゆる堤防が決壊する非-場所の完全数なのだ。

2-4 「極限状況」もしくは「限界状況」のパラダイムは、現代において、哲学者からも神学者からもたびたび提唱されてきた。それは、一部の法学者によって例外状態に属するとされる働きに似た働きをする。じっさい、例外状態のおかげで、通常の法秩序の効力を基礎づけ、定義することができるのと同様に、本質的には一種の例外である極限状況に照らして、通常の状況について判断し、決定することが可能となる。キェルケゴールの言葉によれば、「例外は一般的なものとそれ自身について説明する。一般的なものを正しく研究したいなら、本物の例外をしっかり調べなければならない」。こうして、ベッテルハイムにおいて、収容所は、典型的な極限状況として、なにが人間的で、なにが人間的でないかを決定することを可能にし、回教徒を人間から分かつのを可能にしている。

しかしながら、カール・バルトが——限界状況の概念、とりわけ第二次世界大戦の体験に関連して——正当にも指摘しているように、人間は極限的な状況にあまりにもみごとに適応する特異な能力をもっているため、その状況は区別の役目をもはやまったく果たせなくなるのでもある。バルトは一九四八年にこう書いている。

わたしたちが今日観察できることにしたがうなら、最後の審判の翌日になってもなお、あらゆるバーもしくはダンスフロア付きバー、あらゆるカーニヴァル・チーム、購読申し込みや広告が欲しくてたまらないあらゆる出版社、あらゆる政治的狂信者一味、欠かすことのできないお茶を求めて集まるあらゆる世俗の会合やキリスト教の集会、あらゆる教会会議は、できることなら、自分たちはまったく手を付けられることも、滅ぼされることもなく、前日から当日にかけてなにひとつ深刻には変えられることなく、自分たちの活動をなんとかもとのとおりに再興し、以前のように続けようとするのはたしかである。大火も、洪水も、地震も、戦争も、ペストも、太陽の陰りも、あるいはほかのなんであろうとも、それだけではわたしたちを真の苦悩に導くことはできず、その結果、おそらくは真の平安に導くこともできない。「風のなか、地震のなか、火のなかに、主はおられなかった」(『列王記 上』一九・一一)。そう、まったくそのとおりである。(Barth, p.135)

限界状況が習慣に転じようとするこの信じがたい傾向こそ、あらゆる証人が、そしてもっとも極限的な状態に置かれた証人(たとえば特別労働班(ゾンダーコマンド)のメンバー)さえもが、そろってわたしたちに証言していることである(「この作業をやると、一日目に気が狂うか、さもなければそれに慣れるかだ」）。ナチスはあらゆる極限状況につきものであるこの秘密の力がよくわかっていたので、一九三三年二月の権力奪取の翌日に宣言した非常事態をけっして撤回しなかった。こうして正当なことにも第三帝国は「十二年間続いたサン・バルテルミの夜」と定義されえたのであった。

アウシュヴィッツとは、まさしく、例外状態が正規のものとぴたりと一致していて、極限状況が日常的なもののパラダイムそのものとなっている場所のことである。しかし、正反対のものに転じようとするこの逆説的な傾向こそが限界状況を興味あるものにしているのである。通常はそうであるように、例外状態と正規の状況が空間と時間において分かたれたままであるかぎりは、両者は、ひそかに互いの基礎となっていながら、不透明なままである。しかし、今日ますます頻繁に見られるようになっているように、両者は、共犯関係を白日のもとにさらすやいなや、いわば内側から互いに照らしあう。もっとも、このことが意味するのは、ベッテルハイムにおいてそうであるのとはちがって、極限状況はもはや区別の役目を果たすことができないということ、それが教えるのはむしろ絶対的内在の教え、「すべてがすべてのうちに」あるという教えであるということである。この意味で、哲学は正規のものとなった極限状況のもとで見られた世界というように定義されうる（この極限状況の名は、一部の哲学者によれば、神である）。

2-5　ブレーラ美術学校の絵画教授アルド・カルピは一九四四年二月から一九四五年五月までグーゼンに収容されていた。かれが生き残ることができたのは、かれの職業がわかるやいなや、SSの隊員たちが絵とデッサンをかれに依頼しはじめたからでもある。とくに注文が多かったのは家族の肖像画であって、カルピは写真をもとにそれを制作しなければならなかった。しかしまた、イタリアの風景画や「ヴェネツィア風の小裸体画」も依頼され、こちらのほうは記憶をたよりに描いた。カルピは写実主義の画家ではなかったが、収容所の風景や人物を写生することを望んだとしても、それは無理からぬことだったであろう。ところが、こうした絵は依頼主たちの関心をまったく惹かなかった。それどころか、かれらはそれを正視することもできなかった。カルピは日記のなかでこう記している。「だれも収容所（ラーガー）の風景画や人物画を望まず、だれも回教徒（ムーゼルマン）を見たがらない」（Carpi, p.33）。

回教徒に目を向けることのこの不可能性については、わたしたちはほかの証言からも確証を得ている。そのひとつは、間接的なものではあるが、きわめて雄弁である。そう何年も前のことではないが、一九四五年にイギリス軍が解放されたばかりのベルゲン・ベルゼン収容所を撮影したフィルムが公開された。共同の墓穴に積み上げられたり、元看守たちにかつがれた何千という裸の死体は、正視にたえないものである。それは、ＳＳの隊員たちさえ口にするのをはばかった惨殺死体である（あるひとつの証言から、わたしたちは、いかなる場合にも、それを「遺体」とか「死体」と呼んではならず、ただ単にFiguren、すなわち木偶、人形と呼ばなければならなかったことを知っている）。それでも、連合国側は当初それらのフィルムをドイツにも伝えるべきナチスの残虐行為の証拠として利用することにしていたため、カメラはその不快な光景のいかなる細部もカットすることなく追いつづけていた。ところが、ある時点で、カメラは、まだ生きているように見える者たち、地面にうずくまったり亡霊のように立って歩く収容者の一群に、たまたまそうしたかのように固定される。それはほんの数秒のことであった。しかし、かれらが奇跡的に生き残った回教徒であること、そうでなくとも回教徒の段階にきわめて近い収容者であることがわかるには、それで十分であった。カルピが記憶をたよりに制作したデッサンをのぞけば、おそらくこれが、かれらについて残された唯一の画像であろう。それがである。先ほどまでは裸のまま置かれた死体や体を折り曲げながら積み上げられた恐ろしい「木偶」を辛抱強く撮りつづけたカメラマンでさえ、その瀕死の者たちの光景には耐えられず、たちまちのうちにまた死体をフレームに収めるようになるのだ。エリアス・カネッティ✣が指摘したように、死者の山は昔から見なれてきた光景であって、権力者たちはそれを見てしばしば満足を覚えさえする。しかし、回教徒たちの光景はまったく新しいシーンであり、人間の目には耐えられないものなのである。

2-6 しかし、なんとしても見たくないものは、収容所の「中枢」である。すなわち、すべての収容者が立ち止まることなく踏み越えようとしている、生死を分かつ閾である。「回教徒の段階は、収容所に入れられた者たちの恐怖の的だった。というのも、かれらのうちのだれも、ガス室送りやその他の死に方の確実な第一候補である回教徒の運命がいつ自分の身にも降りかかるのか、わからなかったからである」(Langbein 2, p.113)。

✣ スペイン系ユダヤ人の血をひくブルガリア出身のノーベル賞作家。『群衆と権力』(一九六一年)ほか。一九〇五—一九九四。

収容所の空間は（少なくとも、強制収容所が絶滅収容所を兼ねているアウシュヴィッツのような収容所では）、同心円の重なりとして描くことができる。それらの円は、波のように、中心にある非‐場所に絶え間なく打ち寄せる。そして、その中心の非‐場所に回教徒が住んでいるのである。この非‐場所という究極の限界は、収容所の通り言葉では、「選別（Selektion）」と呼ばれる。ガス室送りのための選別作業ということである。このため、収容者がもっとも熱心に心がけたのは、自分の病気と衰弱を隠すこと、自分の体のあらゆるところに姿をあらわそうとしているように感じられる回教徒を絶えずおおい隠すことであった。収容所の住人全体は、顔をもたない中心を休みなく回りつづける巨大な渦巻きにほかならないといってもよい。しかし、その匿名の渦巻きの中心は、ダンテの天国にある神秘的な薔薇のように、「わたしたちの姿に似せて描かれており」、人間の本姿が刻みこまれていた。人間が忌み嫌うものは自分がそれに似ているのを知られたくないものでもあるという法則に従うなら、回教徒こそは、みながこぞって回避しようとするものである。というのも、収容所のだれもが、その抹消された顔のうちに自分を認めるからである。

あらゆる証人が回教徒のことを中心的な体験として語っているにもかかわらず、ヨーロッパ・ユダヤ人の絶滅についての歴史研究において回教徒の名が口にされるようになってまだ間もないというのは、奇妙なことである。ほぼ五十年たった今になってようやく、それは十分に目に見えるものになってきたようである。今になってようやく、わたしたちはこの可視性のもたらすもろもろの帰結を導きだすことができるようになった。というのも、その可視性が含意するのは、これまで収容所についての解釈を独占的に方向づけてきた大量殺戮のパラダイムがもうひとつのパラダイムに取って代わられるというのではないが、そこにもうひとつのパラダイムが付け加えられて、そのもうひとつのパラダイムが大量殺戮そのものに新たな光を当て、ある意味ではそれをはるかに残酷なものに変えるということだからである。死の収容所であるよりもまえに、アウシュヴィッツは、生と死を越えたところでユダヤ人が回教徒に変容し、人間が非－人間に変容するという、これまで考えられたこともない実験場である。回教徒が何者であるのか、あるいは何物であるのかをまず理解するまでは、かれといっしょにゴルゴンを見つめることを習得するまでは、わたしたちはアウシュヴィッツがなんであるのかを理解することはないだろう。

２－７　レーヴィが回教徒を遠回しに指すのに使う言葉のひとつは、「ゴルゴンを見た者」である。しかし、回教徒はなにを見たのだろうか。収容所においてゴルゴンとはなんであろうか。

ある模範的な研究において、〔古代ギリシア研究者の〕Ｆ・フロンティジ＝デュクルーは、文献による証言をも彫刻や壺の上絵による証言をも等しく利用することによって、ギリシア人にとって、ゴルゴンがなんであったのか、蛇によって縁取られ、見た者に死をもたらし、このためペルセウスはアテナの助けを借りながら、それを見ずに切り落とさなければならなかった、この恐ろしい女の首がなんであったのかを明らかにした。

なによりもまず、ゴルゴンは、ギリシア人が prósōpon〔顔〕という語に与えた意味での顔をもっていない。prósōpon というギリシア語は、語源的には、「目の前にあるもの、見えるようにあるもの」を意味する。死をもたらすので見つめることが不可能な、禁じられた顔は、ギリシア人にとって、非‐顔ということであり、そうであるからには、けっしてprósōponという語を当てられることはない。しかしながら、不可能であるはずのこの見ることは、同時にまた、かれらにとって絶対に避けられないことでもある。ゴルゴンの非‐顔は、彫塑や壺の上絵に数えきれないくらいにたくさん描かれるだけでない。もっとも奇妙なのは、つぎのような描かれ方である。「ゴルゴン、すなわち反‐顔（antiface）は、正面を向いて、見つめあうことが避けられないようにしか描かれていない。〔……〕この反‐顔（antiprósōpon〔ギリシア語で「面と向かってくるもの」〕）は、彼女の危険な目の力をあらわす表徴をこれ見よがしに誇張しながら、まなざしの前に全面的に差し出されるのである」（Frontisi-Ducroux, p.68）。壺の上絵では人間の姿はつねに横向きに描かれるという図像作成法（イコノグラフィ）の決まり事を破って、ゴルゴンは横顔をもたない。つねに、第三次元を欠いた、平らな皿のように描かれる。すなわち、リアルな顔のようにではなく、絶対的な像のように、見られること、呈示されることしかできないもののようにである。見ることの不可能性を表象したgorgoneion〔ゴルゴンの頭〕は、見ないではいられないものなのである。

しかし、まだ続きがある。フロンティジ＝デュクルーは、壺の上絵についての図像作成法（イコノグラフィー）の決まり事を破るものであるこの正面性と、頓呼法、すなわち作者が物語の決まり事を破って、登場人物に向かって、あるいはじかに読者に向かって語りかけるという修辞的用法とのあいだに平行関係があることを明らかにする。このことが意味するのは、ゴルゴンが表象している、見ることの不可能性は、頓呼法のようなもの、身をかわすことのできない呼び声のようなものをともなっているということである。

だが、そうであってみれば、「ゴルゴンを見た者」は、回教徒という名と同じく、単純な名称ではない。ゴルゴンを見ることが見ることの不可能性を見ることを意味するなら、ゴルゴンは、収容所にあるものや収容所で起こること、回教徒が見て生き残った者が見なかったものの名ではない。むしろそれは、収容所にいる者、収容所で「底に触れた」者、そして非‐人間となった者においての見ることの不可能性を指す。回教徒は、なにも見ておらず、なにも知らないのだ――知ることの不可能性、見ることの不可能性のほかには。このため、回教徒のために証言すること、見ることの不可能性をあえて観照しようとすることは、容易な仕事ではない。

人間的なものの「底」には見ることの不可能性しかないということ――このことが、見た者を人間から非‐人間に変容させたゴルゴンなのである。しかし、まさにこの非人間的な、見ることの不可能性は、人間的なものに呼びかけ問いかけるものであり、人間が耳を塞ぐことのできない頓呼法であるということ――このことこそが証言にほかならない。ゴルゴンとそれを見た者、回教徒とかれのために証言する者は、ただひとつのまなざしをなしている。そして、そのかれらのまなざしがとらえているものはといえば、それはただひとつ、見ることの不可能性でしかないのである。

２‐８　回教徒のことを本来の意味で「生きている者」として語ることができないことはあらゆる証言から明らかである。「歩く死体」と、アメリー（Améry, p.39）とベッテルハイム（Bettelheim 1, p.104）は名づけている。カルピは、「生けるしかばね」、そして「ミイラ人間」と呼ぶ（Carpi, p.17)。「かれらが生きていると言うのはためらわれる」と、レーヴィはかれらについて書いている(Levi 3, p.82)。「ついに生者が死者と混じりあう」と、ベルゲン・ベルゼンのある証人は書いている。「本質的には、この二つのカテゴリーのちがいはわずかである。〔……〕ところが、第三のカテゴリーもある。動くことができずに横たわり、まだわずかながら息をしている者たちのことである」(Sofsky, p.464)。「顔のない存在」であるにせよ、「亡霊」であるにせよ、いずれにしても、かれらは「生と死の境界」に住んでいる――〔ポーランドの精神医学者〕ズジスワフ・ヤン・ルィンとスタニスワフ・クウォジンスキが回教徒について書いた、このテーマにかんしては今までのところ唯一のモノグラフである研究論文のタイトルに、そう謳われているようにである。

しかし、この生物学的なイメージに、もうひとつのイメージがじかにくっついている。そして、そちらのほうこそ、回教徒の本当の意味を保持しているように見える。回教徒は生と死のあいだの境界であるだけでない。そうであるよりもむしろ、かれは人間と非-人間のあいだの閾の存在を指し示しているのである。

この点についても、証人たちは一致している。「神の火花が自分のなかで消えてしまい、無言のまま行進し、働く非-人間たち」(Levi 3, p.82)。「かれらは、いかなる反応も放棄して、物とならざるをえない。それとともに、かれらは、人としてあることを放棄することになった」(Bettelheim 3, p.207)。すなわち、見かけは人間のままでも、人間が人間であるのをやめる地点が存在するのである。その地点が回教徒であり、収容所は、かれにうってつけの場所である。しかし、人間にとって、非-人間になるとは、なにを意味するのだろうか。人間の生物学的な人間性から区別し分離することのできる人間性は存在するのだろうか。

２－９　したがって、「極限状況」において賭けられているのは、「人間のままでいるか、そうでないか」、回教徒になるか、そうでないか、である。だれもがすぐさま感じるのは、この限界体験を道徳の枠組みのもとで解釈しようとする衝動である。すなわち、自己の尊厳と自尊心を保持できることが要点だとされてきたのである。たとえ、収容所のなかでは、これらにふさわしく行動することが可能だとはかぎらなかったにしてもである。ベッテルハイムが、収容者が回教徒となってしまう「あと戻りのできない限界点」について語るとき、同様のことを言おうとしているように見える。

歩く死体にならずに人間として、おとしめられ零落してもなお人間として生き残りたければ、なによりもまず、なにが自分自身にとってあと戻りのできない限界点であるのか、どんな犠牲を払っても、たとえ生命を危険にさらしてでも、けっして抑圧者に屈してはならない限界点であるのかを自覚している必要があった。このことは、この限界点を越えてしまえば、生はすべての意味を失ってしまうことになるということを自覚するよう要請するものであった。それでも生き残ることはできるかもしれないが、そのときには自尊心はたんに弱まってしまうだけでなく、完全に打ち砕かれてしまうであろう。(Bettelheim 1, p.213)

もちろんベッテルハイムは、極限状況においては自由の余地と実質的な選択の余地はないに等しく、たいていは心のうちに自覚をもちながら命令に従うという程度のことしかできないことはわかっていた。

極端な場合をのぞけば要求された行為の本質を変えることはできないにしても、このように自分の行動を明晰に自覚していること——これが囚人に人間のままでいることをゆるす最低限の余地であり、判断の自由をなしていた。囚人が回教徒に変わるのは、自分の行動についてのあらゆる感情、あらゆる内面的な留保を放棄するからであった。なんとしても踏みとどまるべきあと戻りのできない限界点を放棄するからであった。〔……〕このことを十分にわかっていた囚人たちは、このことが、そしてこのことだけが、自分の人間性を保持することと道徳的に死んでしまうこと（このことはしばしば肉体的な死をも含意していた）を受け入れることのあいだの決定的なちがいであることがわかっていた。（p.214）

したがって、回教徒とは、ベッテルハイムにとって、放棄することのできない自由の余地を放棄して、その結果、感情の働きと人間性のいかなる痕跡をも消し去ってしまった者のことである。「あと戻りのできない限界点」の向こう側へのこの移行はかくも仰天すべき体験なのであり、ベッテルハイムにとって、人間的なものと非‐人間的なものとの道徳的な区別と化す。そして、それは証人からおよそいっさいの敬虔の感情だけでなく、正気をも奪い去り、いかなる場合にも混同してはならないものを混同させるにいたる。こうして、アウシュヴィッツの司令官で一九四七年にポーランドで処刑されたヘスは、ベッテルハイムから見れば、いわば「よく肥えて、よい身なりをした」回教徒に変貌してしまうのである。

肉体的な死がおとずれたのは、あとになってからであったとはいえ、アウシュヴィッツの司令官になったときから、かれは生けるしかばねとなった。かれがけっして回教徒にならなかったのは、あいかわらずよく肥えて、よい身なりをしていたからである。しかし、かれは、自尊心と自己愛、感情と個性をすっかり捨て去ってしまっていた。こうして、上官たちが命令のボタンを押すとおりに動く機械でしかなくなっていた。（p.307）

回教徒もまた、ベッテルハイムの目には、およそ信じられない怪物的な生物機械と化す。それは、およそいっさいの道徳意識を欠いているだけでなく、感覚と神経の刺激さえも欠いているのである。

これらの生物体は、ひょっとすると、内外の刺激を前頭葉を介して感覚や行動へと導く反射弓を解除してしまったのだろうかと問いたくなるくらいである。（p.207）

囚人たちは、自分の身のうちに感情をかき立てられなくなったとき、回教徒の段階に入った。

〔……〕空腹であるにもかかわらず、食べ物の刺激さえも、かれらの脳にはっきりと達して行動に導くことはなかった。〔……〕ほかの囚人たちは、できるかぎりかれらに親切にしようとし、食べ物を与えようとしたが、かれら回教徒のほうでは、だれかが自分に食べ物を与えようとすることの背後にある気持ちにもう反応することはできなかった。(p.211)

「だれも回教徒を見たがらない」という原理が、ここではこの生き残り証人をも巻きこんでいる。かれは自分の証言を偽っているだけでなく(すべての証人が、収容所のだれ一人として回教徒に「親切にしようとし」なかったことに同意している)、自分が人間をひとつの非現実的なパラダイム、すなわち、収容所のなかで識別不可能になった人間的なものを非‐人間的なものからなんとかして識別可能にすることを唯一の目的としている植物機械に変貌させてしまっていることに気づいていないのである。

2‐10 「人間のままでいる」とは、なにを意味するのだろうか。その答えは容易ではないこと、それどころか、この問いそのものについてまだ十分に考察されていないことが、「これが人間かどうか考えてみてほしい」という、生き残り証人の忠告のうちに暗に示されている。これは、本来の意味での問いではなく、問いの形式そのものを問題に付すような命令である(「わたしはあなたにこれらの言葉を命じる」Levi 3, p.7)。あたかも、ここで期待できるのは、肯定か否定のどちらかしかないかのようである。

むしろ問題は、「人間」という語の意味を問いの意味そのものがすっかり変わるところまで後退させることである。おもしろいことに、同じ年（一九四七年）に公刊されたプリモ・レーヴィとロベール・アンテルム✣の証言は、『これが人間か』、『人類』というタイトルからして、この方向にむかって皮肉な仕方でお互いに対話しているように見える。アンテルムにとって、収容所において問題となっていたのは、人類への帰属という「ほとんど生物学的な」要請、種への帰属という究極の感情であった。「人間としての資格を否定することは、人類（espèce humaine）への帰属というほとんど生物学的な要請に挑むことである」（Antelme, p.VII）。

重要なのは、かれがここで espèce〔種〕という〔生物学上の〕専門用語を使っていること、le genre humain〔人類〕という、かれになじみのものであったにちがいない、ある歌のリフレインの最後にある言葉を使っていないことである。というのも、それは厳密な意味での生物学的な帰属であって（「ほとんど」は一種の婉曲語法にすぎず、前代未聞のことを目の前にしてのためらいにすぎない）、道徳的ないし政治的な連帯の表明ではないからである。「考えてみる」必要があるのは、まさにこのことであり、ベッテルハイムが信じているように見えるのとはちがって、尊厳の問題ではない。その課題は、もっと茫漠として巨大であり、ＳＳの隊員たちの押しつける課題に重なりあう。したがって、「人間ではなく豚」という収容所のおきては、文字どおりに受け取らなけれ

✣　フランスの作家（一九一七－一九九〇）。妻のマルグリット・デュラスとともにレジスタンス運動に参加。捕らえられて、強制収容所に送られる。この体験をもとに小説『人類』を著した。

ばならない。

思うに、わたしたちが知っている歴史上の英雄や文学上の英雄は、愛、孤独、生きるべきか否かの苦悩、復讐を叫んだ者であれ、不正、侮辱にたいして立ち上がった者であれ、種に帰属しているという究極の感情を唯一にして最後の要請として表現するようせき立てられるようなことはけっしてなかった。そこで、自分が人間として、種の一員として否認されていると感じたと語ることは、あとから回顧してわき起こってきた感情、事後的な説明に見えるかもしれない。しかし、それこそが、もっとも生々しく恒常的に感じ、経験していたことなのである。しかも、それこそが、まさにそれこそが、相手が望んでいたことなのである。

(ibid.)

生物種としての人類に帰属しているという「究極の」感情とは、どのようなものだろうか。そして、この感情のようなものは存在するのだろうか。回教徒のうちに、多くの者は、ただ単に、この問いに対する答えを探しているように見える。

2－11　レーヴィは、非人間化が完了したあとになってようやく、尊厳について語ることがもはや意味をもたなくなってようやく、証言を始める。かれは、回教徒の代わりに、沈んでしまった者の代わりに、いっさいの気力を奪われ、底に触れた者の代わりに証言することを自覚的に引き受けようとする唯一の者である。加えてアウシュヴィッツのだれもがなんらかの点で人間の尊厳を捨てていたことは、多くの証言に暗に示されている。しかし、解放の瞬間、「人間に戻った、責任ある者に戻ったと感じた瞬間に」（Levi 2, p.53）囚人たちをとらえた奇妙な絶望のことをレーヴィが思い起こしている『沈んでしまった者と救いあげられた者』の一節くらい、そのことがはっきりと示されている場所はおそらくないであろう。したがって、この生き残り証人は、零落がだれにも避けられないものであったことを知っているのであり、人間性と責任が、収容者が収容所の柵の外に投げ捨てなければならなかったものであることを知っているのである。

敬虔なハイム、寡黙なサボー、賢明なロベルト、勇者バルクのように、一部の者は屈しなかったということも、たしかに重要なことではある。しかし、証言は、かれらのためのもの、「最良の者たち」のためのものではない。「最良の者たちはみな死んだ」（p.64）が、たとえかれらが死んでいなかったとしても、かれらは証人ではなく、収容所のために証言することはできないだろう。かれらが証言できるのは、おそらくほかのもののため——すなわち自分の信条、自分の善行（まさにこれこそは、かれらが死に瀕しながらおこなったことである）のためにであって、収容所のためにではないだろう。「完全な証人たち」、その代理として証言することが意味をもつ者たちとは、「すでに観察し記憶し比較考量し考えを述べる力を失っていた」（p.65）者たち、その尊厳と上品さについて語ることが上品ではなくなった者たちである。

レーヴィは、ある友人が、かれが生き残ったことは摂理の意味をもっていること、かれは「印を帯びた者、選ばれた者」であることを、かれに納得させようとすると、憤然とあらがう（「わたしには、この意見は奇怪きわまりないものに見えた」p.63)。アウシュヴィッツでなにか立派なものを守りぬいて、収容所をくぐりぬけながらそれを救い出し、外の正常な世界に持ち帰ったと自負することが、容認できる自負ではなく、良いことをしたあかしにはならないと言わんばかりである。この意味においても、生き残るのは「最良の者たち、善行を予定されていた者たち、お告げを担う者たち」(p.63)ではないという主張を理解しなければならない。生き残った者たちは、最良の者たち、善行のせいで生存がかなわなかった者たちよりも悪いだけでなく、沈んでしまった者たちの匿名的なかたまり、その死を死と呼ぶことのできない者たちよりも悪い。というのも、これこそはまさに、アウシュヴィッツ独特の倫理的アポリアであるからである。そこは、上品なままでいることが上品ではなくなる場所、尊厳と自尊心を保持していると信じていた者たちがあっという間にそれを失った者たちよりも恥ずかしさを感じる場所なのである。

2−12　上品さと尊厳を保持したがゆえのこの恥ずかしさについては、有名な記述がある。それは、〔リルケの『マルテの手記』(一九一〇年)のなかで〕マルテがパリの街路で浮浪者たちと出会ったときのことについてのものである。そのとき、かれは、自分が一見したところ尊厳があり清潔な襟をしていたにもかかわらず、浮浪者たちがかれを自分たちの仲間として識別し、目くばせを送っていることに気づく。

わたしのカラーはきれいで、シャツも汚れてはいない。たとえ大通りであっても、このままで、どんな喫茶店にも入って、菓子皿に平気で手をのばし、菓子を手に取ることができるはずだ。怪しんだり、ののしったり、つまみ出したりする人はいないだろう。わたしの手は、少なくとも良家の出らしい手であり、日に四回か五回は洗っている手だ。〔……〕ところが、たとえばサン・ミシェル大通りやラシーヌ街には、そんなものにはだまされない人種がいる。かれらは、わたしの清潔な指のふしぶしには頓着しない。わたしを一目見て、気づいてしまう。じつはわたしはかれらの同類であって、ちょっと芝居をやっているだけであることに気づいてしまう。〔……〕かれらは、わたしの余興をだいなしにしようとはしない。せせら笑って、わたしに目くばせをするだけだ。かれらは何者なのだろうか。わたしになんの用があるのだろうか。わたしを待ち伏せしているのだろうか。どこからわたしの正体がわかるのだろうか。〔……〕かれらはただの物乞いではなく、敗残者であることを、わたしはよく知っている。いや、けっして物乞いではない。ここははっきりと区別する必要がある。かれらは、運命が吐き捨てた人間の皮であり、くずなのだ。かれらは、運命の唾液にぬれて、壁に、街灯に、広告塔にはりつけられているか、あとに黒ずんだ汚い跡を残しながら、のろのろと通りを押し流されていく。〔……〕あの小さな、ごま塩の髪をした女は、いったいどういうわけで、ショーウィンドーの前で、わたしのかたわらに十五分間も立って、古ぼけた長い鉛筆を出して、見せたのだろう。その鉛筆は、握りしめていた汚い指のあいだから、ひどくゆっくりと出てきた。わたしは、窓のなかの陳列品に見入っていて、なにも気づかないふりをしていた。しかし、その女は、わたしが彼女を見たことを知っており、わたしがそこに立って、彼女がなにをしているのかを考えていることを知っていた。単に鉛筆が問題でないことは、わたしはよくわかっていた。それが合図であること、仲間内の合図であること、敗残者たちが知っている合図であることがわかっていた。どこそこに行けとか、なになにをせよという合図によって、彼女はわたしに語りかけているらしかった。奇妙なことに、その合図を取り決めた申し合わせに覚えがあるという感じ、その光景はわたしが予期しなければならなかったものであるという感じから、わたしは逃れることができなかった。〔……〕今では、このような出会いなしに一日が終わることはほとんどない。黄昏時だけでなく、白昼の人通りの多い通りでも、不意に小男や老婆があらわれて、わたしにうなずいてみせ、なにかを示しては、それで役目は果たしたとばかりに姿を消していった。いつの日か、かれらは、わたしの部屋まで押しかけてくるかもしれない。かれらは、わたしがどこに住んでいるのか、もうきっと知っているのだ。門番にとがめられずに、うまくやってのけるだろう。(Rilke 1, p.29f)

ここで関心を惹くのは、マルテのうちに、人間として識別できる姿をすっかり捨ててしまったことを意識していながら、なんとかしてこの状態からの脱出口を見つけようと試みるという、リルケのふるまいに根本的にそなわる両義性が完璧に表現されているということではない。奈落の底に降りていくことは、かれにとってはいつの場合にも、詩と高貴さの高台(hauts lieux〔犠牲を捧げる場所〕)に確実に上るための前提にすぎない。むしろ決定的なのは、「敗残者たち」を目の前にして、マルテは、自分の尊厳がむなしい芝居であること、かれらに「せせら笑いと目くばせ」

をさせることしかできないものであることに気づくということである。そして、かれらを目にすること、かれらが想定している親密さが、マルテには耐えがたいものであって、いつの日か、かれらが自分の家にあらわれて、正体をあばくのではないかと、かれが恐れているということである。このため、かれは、敗残者たちが入ってくることがけっしてできない国立図書館に逃れ、好きな詩人たちに囲まれて時を過ごす。

人間の極限の姿を目の前にして尊厳がくじかれ、絶対的な零落を目の前にして自尊心が役に立たなくなるさまが、アウシュヴィッツ以前にこれほどまでありありと描写されたことはおそらくなかったであろう。マルテの恐れる「人間の皮」は、レーヴィの語る「貝殻人間」と細い糸でつながっている。そして、パリの浮浪者たちを目の前にしてこの若い詩人が感じるちっぽけな恥ずかしさは、沈んでしまった者たちを目の前にして生き残った者たちが感じる前代未聞の巨大な恥ずかしさを予告する小声の伝令のようなものである。

２－13　回教徒のこの逆説的な倫理的状況について考察する必要がある。回教徒は、ベッテルハイムが考えているように、あと戻りのできない限界点の印、人が人間であることをやめる閾の印であるだけでない。すなわち、人間性と自尊心を救うために、ひいてはおそらく生命を救うために、力のかぎり抵抗しなければならない相手としての、道徳的な意味での死の印であるだけでない。レーヴィにとってはむしろ回教徒は、道徳そのもの、人間性そのものが問いに付される実験場である。回教徒は、あるひとつの特定種の限界形象なのであり、そこでは、尊厳や自尊心のようなカテゴリーだけでなく、倫理の境界という観念そのものが意味を失ってしまうのである。じっさい、人が人間であることをやめる境界が定められていて、しかも、あらゆる人間、あるいは大部分の人間がそこを通過するのだとすれば、そこで試されるのは、その人間たちの非人間性であるというよりも、むしろ、定められた境界の不十分さと抽象性のほうであるのは明らかである。SSの隊員たちが説教師を収容所に入れて、この説教師が回教徒たちにアウシュヴィッツにあっても尊厳と自尊心を維持しなければならないことをなんとかして説こうとする場面を想像していただきたい。いまでは説得のいかなる可能性もおよばないところにいるだけでなく、人間らしいいかなる救出もおよばないところにもいる者にとって、説教師のふるまいは憎らしげなものとなるだろうし、かれの説教は残酷なからかいとなるだろう（「かれらは、ほとんどいつも、いかなる救出もおよばないところにいる」Bettelheim 3, p.212）。このため、沈黙すること、見ないことが、とりあえずは、救出のおよばないところに住まう者と接するのにふさわしい唯一の態度であるというのか、収容者は回教徒に話しかけるのをとうに放棄してしまっているのである。

回教徒は、助けだけでなく尊厳と自尊心も役に立たなくなってしまったような人間的なものの領域――ここでなおも人間的なものの領域と言うのは、回教徒の人間性を単純に否定してしまうと、それはSSの隊員たちの決定を受け入れ、そのふるまいを模倣することになるからである――に入っていた。しかし、これらの概念が意味をもたなくなる人間的なものの領域というものがあるとすれば、そのときには、それらの概念は純粋な倫理的概念ではないということになる。というのも、いかなる倫理も、人間的なものの一部を――いかに不快であろうと、いかに目を向けるのが困難であろうと――みずからの外部に放置しておくことはできないからである。

2-14　何年か前、アウシュヴィッツについてはほかのどの国よりも良心の疚しさを感じる動機をかかえている、あるヨーロッパの国を起源として、アカデミズムの世界において、倫理の超越論的条件とでも称すべきものを義務的なコミュニケーションの原理の形でつきとめたと主張する理論が広まったことがあった。✣この珍奇な理論によれば、話す存在である人間は、どうしてもコミュニケーションから逃れることができない。動物とちがって、言語活動の能力をそなえているかぎりで、人間たちは、自分の行為の意味と妥当性の基準について一致せざるをえないという、いわば刑罰を宣告されている。コミュニケートしたくないと発言する者は、自分自身を論駁することになる。というのも、それでもなお、コミュニケートしたくないという自分の意志をコミュニケートしているからである。

哲学史において、この種の論証は新しいものではない。そうした論証は、哲学者が困難におちいって、言語活動というなじみの地面が足もとからなくなったと感じるのが、どの地点であるかを指示している。すでにアリストテレスは、『形而上学』のΓの巻で、「あらゆる原理のなかでもっとも確かなもの」、すなわち矛盾律を証明するさいに、そうした論証に頼ることを余儀なくされて

✣　ドイツの哲学者カール＝オットー・アーペルによって提唱された「コミュニケーション共同体のアプリオリ」の理論を指している。『哲学の変革』（一九七三年）所収の諸論文を参照。

いる。かれはこう書いている。

ある者たちはこの原理さえも証明されることを求めるが、これはかれらに教養が欠けているからである。というのも、どれが証明を求められるものなのか、どれがそうでないのかを知らないということは、教養が欠けていることを示すものだからである。それというのも、あらゆるものについて証明が存在するということはありえないからである。その過程は、無限に進んでいくため、そのようにしても証明にはならない。〔……〕もっとも、この原理〔矛盾律〕の場合も、反対論者がなにか言いさえすれば、反駁によって〔矛盾の〕不可能性を証明することはできる。かれがなにも言わなければ、かれがなにも論証しない以上は、なにも論証しない者に答えて、なにか論証を探すことはばかげている。というのも、そのような者は、そうであるかぎりは、すでに植物にほかならないからである。〔『形而上学』第四巻第四章一〇〇六a〕

暗黙の前提（この場合は、だれかが話さなければならないということ）に依拠するものであるからには、あらゆる反駁は排除の形で残余を残さざるをえない。アリストテレスの場合、排除された残余は、植物－人間、話さない人間である。じっさい、反駁から説得力を失わせるには、論敵が徹底的かつ単純に黙っているだけで十分である。言語活動に入ることが人間にとって思いどおりに廃止できるものだというのではない。しかし、コミュニケートする能力を獲得したというだけで、話すことが義務づけられるわけではないのである。すなわち、コミュニケーションの道具としての言語活動がただ単に先在するということ――話す者にとってつねにすでに言語が存在しているということ――は、コミュニケートする義務をいささかも含意してはいない。反対に、言語活動がつねにすでにコミュニケーションではなくなっている場合にのみ、それが証言されえないもののために証言する場合にのみ、話す者は話す必要のようなものを感じることができるのである。

アウシュヴィッツは、あらゆる義務的なコミュニケーションの原理にたいする徹底的な反駁である。そうであるのは、生き残り証人たちの変わらざる証言によれば、カポ〔監督囚人〕かＳＳ隊員にコミュニケートするよう促しても、たいていはこん棒で殴られるだけであるという理由によるばかりではない。また、マルザレクが思い起こしているように、いくつかの収容所では、いかなるコミュニケーションもゴム製の鞭に取って代わられ、このためその鞭は、皮肉をこめて、der Dolmetscher、すなわち通訳と改名されたという理由によるばかりではない。また、「話しかけられないこと」が収容所の正常な状態となっていて、「舌は数日のうちに干からび、舌とともに思考も干からびる」(Levi 2, p.72)という理由によるばかりでもない。決定的な反駁は、もっと別のものである。それは、またもや回教徒である。驚異のタイム・マシンによってアーペル教授を収容所に連れていって、回教徒の前に案内し、ここでもかれのコミュニケーションの倫理を証明してもらうよう頼むことができたならどうなるか、ちょっと想像してみよう。どう考えても、この時点でタイム・マシンのスイッチを切って、実験を続行しないほうがよいだろう。というのも、いかに善意を働かせようと、回教徒がまたもや人間的なもののもとから排除される危険があるからである。回教徒は、可能なあらゆる反駁にたいする徹底的な反駁である。直接的にではなく、みずからにたいする否定を否定することによってしか証明されえないことを権威のよりどころとする、形而上学の最後のとりでの破壊である。

2－15　ここまでくれば、尊厳（dignità）の概念さえもが法律に起源をもっていたとしても意外ではない。もっとも、今回は、公法の領域にかかわっている。じっさい、すでにローマ共和政時代から、ラテン語の dignitas は公務を担当する階級や団体を指しており、語義の拡張によって、これらの公務そのものを指している。こうして、〔騎士、王、皇帝の身分と職務を指すのに〕dignitas equestre, regia, imperatoria というような言い方がなされるのである。とくに参考になるのは、ユスティニアヌス法典の第十二巻の「dignitas について」という項目である。そこでは、さまざまな「尊厳（ディグニタス）」（これには元老院議員や執政官のような伝統的なそれだけでなく、近衛兵団長、皇室侍従、手箱管理人、死体運搬人夫長、宿泊命令書配布人、測量師など、ビザンティン帝国の官僚機構をなす諸階層も含まれている）の序列が細部にいたるまで尊重されるよう配慮されており、公務への登用（porta dignitatis）にかんしては当人の属する階級にふさわしくない経歴をもつ者（監察の評点や悪い評判によって損なわれているという理由などによる）を禁じるよう配慮されている。しかし、正真正銘の尊厳の理論を作りあげたのは、中世の法学者と教会法学者である。中世にあっては法学が神学といかに緊密にからまりあって主権論のかなめのひとつである政治権力の永続性を説こうとしていたかについては、エルンスト・カントーロヴィチによって、いまや古典となった著作〔『王の二つの身体——中世政治神学研究』（一九五七年）〕のなかで明らかにされている。尊厳は、その担い手から解放されて、擬制的な人格となる。すなわち、神の位格がキリストのもとで人間の身体を二重化するように、行政官や皇帝の現実の身体のかたわらに並立する一種の神秘的な身体となる。この解放は、中世の法学者によって数かぎりなくくり返し説かれた原理のもとで極点に達する。その原理とは、「尊厳は死ぬことはない（dignitas non moritur, Le Roi ne meurt jamais）」というものである。

尊厳とその担い手を分離すると同時に密着させることは、ローマ皇帝（のちにはフランス王）の二重の葬儀に顕著にあらわれている。そこでは、死んだ主権者の「尊厳」をあらわす蠟製の似像が実在する人格としてあつかわれ、医療を受け、礼をもって遇され、最後には、厳粛な葬儀（funus imaginarium〔似像の葬儀〕）のなかで燃やされたのであった。

教会法学者たちの仕事も、法学者たちの仕事と平行して進んでいく。かれらは、呼応するように、教会におけるさまざまな「尊厳」の理論を作りあげ、それは司祭向けに書かれた『司祭たちの尊厳について』という概説書において頂点に達する。ここでは、司祭の位は、かれの身体がミサのあいだにキリストの受肉の場となるがゆえに、天使の位よりも上に引き上げられる。その一方で、尊厳の倫理についても説かれる。すなわち、司祭は、そのきわめて高い地位にふさわしいふるまい（女性の陰部に触れたあとはキリストの身体に触れないなど、mala vita〔悪い行い〕を慎むこと）を堅持しなければならないことが説かれる。そして、公的な尊厳が死後も似像の形で残るように、司祭の聖性も遺骸という形で生き残る（「尊厳」は、とりわけフランスでは、聖人の遺骸を指す名詞である）。

尊厳という語が道徳論のなかに入ってくると、道徳は法律論のモデルを正確になぞりつつ、それを内面化しようとするにいたる。行政官や司祭のふるまいと外見（dignitas は、最初から、高い地位にふさわしい肉体的な外見をも指しており、ローマ人によれば、それは、男性において、女性における venustas〔優美〕に相当するものであった）はかれらの地位に釣り合ったものでなければならないことが暗に認められていたように、いまや、この種の肉体化された形の尊厳が道徳によって精神化され、不在となった「尊厳」の地位と名を僭称するにいたる。そして、法律が擬制的な人格（persona ficta）の地位をその担い手から解放したように、道徳は――逆の鏡面的なプロセスをとおして――個人のふるまいを職務の占有から解放する。いまや、公的な職務に就いていなくとも、どこをどう見てもそれに就いているかのようにふるまう者こそは、尊厳に満ちた者なのである。このことは、旧体制（アンシャン・レジーム）の崩壊のあと、絶対王政がかれらに許していた最後の公的特権をも失った貴族階級に明白にあらわれる。そして、さらにのちになると、卑賤な階級にも明白にあらわれるようになる。かれらは、その定義上、いかなる政治的な尊厳からも締め出されていたが、あらゆる種類の教育者が貧者の尊厳と品行についての教えをかれらに授けはじめるのである。こうして、どちらの階級も、不在の尊厳に順応せざるをえなくされているのであった。この適応は、たびたび言葉にもあらわれる。dignitatem amittere〔尊厳を失うこと〕、あるいは servare〔維持すること〕は、かつては職務の喪失、あるいは維持を指していたが、今では、威厳を失うこと、あるいは維持すること、地位ではないにしても、少なくともその外見を損なうこと、あるいは保つことを意味するようになる。

ナチストもまた、人種法制定ののちのユダヤ人の法的身分にかんして、尊厳を意味する語を内に含んだ言葉を用いる。entwürdigen がそれである。ユダヤ人は、いかなる Würde、すなわち、いかなる尊厳をも剝奪された人間なのである。ただ単に人間であり、まさにこのことのゆえに非－人間だというわけである。

2－16　尊厳が似つかわしくない場面と状況があることは、つねに知られてきた。この場面のひとつは愛である。恋する者は、けっして威厳に満ちてはいない。威厳を保ちながら恋をすることは不可能だからである。古代人はこのことを確信していたので、快楽はその名称さえもが尊厳とはあいいれないと考え（verbum ipsum voluptatis non habet dignitatem〔快楽という言葉そのものに威厳がない〕）、恋愛の題材を喜劇のジャンルに分類した（『アエネイス』の第四巻は涙が出るほど今日の読者を感動させるというのに、セルウィウス✣が伝えているところでは、それは喜劇のスタイルの完璧な模範と見なされていたという）。

愛と尊厳を両立させることのこの不可能性には、十分な理由がある。じっさい、法的な尊厳の

✣　四世紀後半から五世紀前半にかけてのローマの文法家。生没年不詳。ウェルギリウスの詩についての注釈で知られる。

場合であれ、それを道徳に置き換えたものであれ、尊厳は、その担い手の存在から独立したものである。その担い手が適合しなければならず、なんとしてでも堅持しなければならない内面的な模範(モデル)もしくは外面的な格好(イメージ)である。しかし、愛がそうであるように、極端な状況においては、現実の人格とその模範、生と規範のあいだに、わずかにでも距離を置くことはできない。というのも、この場合、生と規範のいずれか、内面と外面のいずれかがそのつど優位に立つからではなく、それらがあらゆる点で混じりあい、威厳をもった妥協の余地をもはやまったく残さないからである。(パウロが『ローマ人への手紙』のなかで愛を律法の完結と成就と定義するとき、かれはそのことを知りつくしている。)

この理由からも、アウシュヴィッツは、あらゆる尊厳の倫理の終焉と破壊、そして規範への適合の終焉と破壊を告げている。そこにおいて人間がそれに還元されてしまっている剝き出しの生は、なにものも必要とせず、なにものにも適合しない。それはそれ自体が唯一の規範なのであり、絶対的に内在的である。そして、「種に帰属しているという究極の感情」は、どうあっても尊厳ではありえない。

ここで善について語ることになにか意味があるとすればの話であるが、生き残った者たちが収容所で守りとおすことのできた善は、したがって、尊厳ではない。その反対に、いかなる想像もおよばないくらいに尊厳と上品さが失われるうるということ、零落の極みにあってもなお生が営まれるということ――このことが、生き残った者たちが収容所から人間の国にもち帰る残酷な知らせである。そして、この新しい知識が、いまや、あらゆる道徳とあらゆる尊厳を判断し測定するための試金石となる。そのもっとも極端な定式化である回教徒は、尊厳が終わったところで始まる倫理もしくは生の形態の番人である。そして、沈んでしまった者たちのために証言し、かれらの代わりに語るレーヴィは、この新しい倫理の地（terra ethica）の地図製作者であり、回教徒の国（Muselmannland）の執拗な土地測量技師である。

2-17 生と死のあいだにある状況が、これまで見てきたように、回教徒、別名「歩く死体」についてのどの記述にも見られる特徴のひとつである。その抹消された顔を目の前にすると、その「オリエンタルな」苦悩を目の前にすると、生き残り証人たちは、生者としての単純な尊厳をそれに帰することさえもためらう。しかし、死へのこの近接は、また別の、もっと冒瀆的な意味をもちうる。それは、生というよりも死の尊厳（dignità）もしくは不面目（indignità〔非尊厳〕）にかんするものである。

それについての、もっとも適切であるとともに恐ろしくもある、以下のような定式を発見したのは、またもやレーヴィである。かれはこう書いている。「かれらの死を死と呼ぶのはためらわれる」。回教徒を定義しているものは、かれらの生はもはや生ではないということであるよりも（この種の零落は、ある意味では、収容所の住人すべてに当てはまることであって、まったく新しい体験というわけではない）、かれらの死は死ではないということであることを考えれば、それはますます適切である。このこと――ひとりの人間的存在の死がもはや死とは呼ばれえないということ（それ以前に起こっていたように、死は重要でなくなっただけでなく、まさにその名でもって呼ぶことができなくなってしまったということ）――は、回教徒が収容所にもたらし、収容所が世界にもたらす特別の恐怖である。しかし、このことが意味するのは、ＳＳの隊員たちが死体を木偶（Figuren）と呼ぶのは正当であったということであり、だからこそ、レーヴィの文章は恐ろしいのである。死がもはや死と呼ばれえないところでは、死体もまた死体とは呼ばれえないのである。

2－18　収容所を定義するものは、単なる生の否定ではないということ、それの恐怖は、死に尽きるわけでも、犠牲者の数に尽きるわけでもまったくないということ、損なわれたのは生の尊厳ではなく、死の尊厳であるということは、すでに着目されていた。一九六四年にギュンター・ガウスの求めに応じたインタビューのなかで、ハナ・アーレントは、収容所の真実があらゆる細部にわたって知られはじめたときの自分の反応について、以下の言葉で述べている。

それまではわたしたちはこう言っていました。しかたがない、敵というものはいるものだ、と。それはまったく自然なことです。敵がいてはいけないわけがあるでしょうか。しかし、これはそれとは別のことでした。まさに地獄が口を開けたようなものでした。これは起こってはならないことでした（This ought not to have happened）。犠牲者の数のことを言っているのではありません。やり方、死体の製造などなどのことを言っているのです。それについて立ち入って論じる必要はありません。これは起こってはならなかったのです。そこでは、わたしたちが折り合いをつけることのできないことが起こったのです。わたしたちのうちのだれも、けっして折り合いをつけることはできません。(Arendt 2, p.13f)

ここでは、どの文章もあまりに重苦しい意味を負っていて、語り手は婉曲語法と前代未聞のことがらとのあいだを揺れ動く言い回しに頼らざるをえなくされているかのようである。とりわけ、二つのヴァリエーションによってくり返される「これは起こってはならないことでした」という奇妙な表現は少なくとも一見したところでは怨恨に満ちた調子をおびており、このような言葉が悪の問題について今日書かれたもののなかでもっとも勇敢で脱神秘化の働きをもった本を書いた著者の口から発せられているというのは意外である。この印象は、最後の言葉にいたって、ますます大きくなる。「わたしたちが折り合いをつけることのできないことが起こったのです。わたしたちのうちのだれも、けっして折り合いをつけることはできません」。(ニーチェが語ったところによれば、怨恨は、なにかが起こったことを容認することが意志にとって不可能であるところから、時間およびそれの「かくありき」と折り合いをつけることができないところから、生まれる。)

起こってはならなかったにもかかわらず起こってしまったことがらは、そのすぐあとに名指しされている。「死体の製造などなど」と。それはあまりにも冒瀆的なことなので、アーレントは、それを名指ししたあと、気が進まなそうなそぶり、あるいは恥ずかしそうなそぶりをせざるをえない(「それについて立ち入って論じる必要はありません」)。一種の流れ作業による(am laufenden Band）生産という大量殺戮についての定義は、SSの医師、F・エントレスによって初めて用いられ（Hilberg, p.1032）、それ以来、数かぎりなくくり返され、変奏されてきたが、かならずしも的を射た定義ではない。

ともあれ、「死体の製造」という表現は、もうここでは死について それ本来の意味で語ることはできないこと、収容所での死は死ではなく、死よりもはるかに冒瀆的なものであることを含意している。アウシュヴィッツでは、人が死んだのではなく、死体が生産されたのである。その死亡が流れ作業による生産にまでおとしめられた、死のない死体、非‐人間。ひとつの可能な、また一般に流布してもいる解釈によれば、この死の零落こそが、アウシュヴィッツに特有の凌辱、その恐怖に固有の名であるということになるのだろう。

2‐19 しかし、死のおとしめがアウシュヴィッツの倫理的問題をなしているということは、けっして自明なことではない。この観点からアウシュヴィッツに取り組む者たちが捕らわれたままになっている矛盾が、そのことを証明している。アウシュヴィッツよりも何年も前に、現代における死の零落を告発していた著者たちもまたそうである。その最初の者は、もちろんリルケである。それどころか、意外なことに、かれは、収容所における流れ作業による死の生産についてのエントレスの表現の多少とも直接的な源をなしているのである。「今では、五五九台のベッドで人が死んでいる。もちろん大量生産によって（fabrikmäßig）である。これほど大規模な生産によっては、個々の死はどれもけっして完成されることがなく、重要なものではない。重要なのは量である」（Rilke 1, p.5）。そして、同じ時期（一九〇七年）、シャルル・ペギーは、のちにアドルノがアウシュヴィッツを論じるさいに思い起こすことになるくだりのなかで、現代世界における死の尊厳の喪失について語っていた。「現代世界は、おそらくこの世でもっともおとしめるのが難しいものをおとしめるのに成功した。難しいというのは、それは、特別な種類の尊厳を、おとしめるのが並はずれて不可能なものとして、自分の組織の一部であるかのようにみずからのうちに取りこんでいるからである。そう、現代世界は、死をおとしめるのである」。✣

「大量生産による」死にリルケは古きよき時代の「本来の死」を対置する。「果実が種子を包みもっているように」（p.6）、各人がみずからのうちに包みもっていた死、「所有され」、「各人に特別な尊厳と静かな誇りを与えていた」死をである。パリ滞在時のショックのもとで書かれた「貧しさと死の巻」（『時禱詩集』（一九〇五年）第三部）の全体が、本来の死、大都市における死のおとしめをテーマにしている。大都市では、生きることの不可能性が、「各人がみずからのうちに包みもっている大いなる死」（Rilke 2, p.242）の果実を熟させることの不可能性となる。しかし、奇妙なことに、出産と流産の象徴系（イマジュリー）（「わたしたちは、自分の死の死産児を産む」p.244）、未熟な果実と熟した果実の象徴系（「死は、かれの内部で、青くて果汁のないままぶら下がっている／熟していない果実のように」p.242）が執拗に用いられることをのぞけば、本来の死とそれ以外の死を区別する

✣ ペギーのこの言葉は、アドルノ『ミニマ・モラリア』一四八「屠殺業」の項に、ペギー『人間と聖者』（ニューヨーク、一九四四年）から引かれている。

ものとしては、本来性／非本来性の対語と内部／外部の対語という、述語のなかでももっとも抽象的で形式的なものしかない。いいかえれば、近代によって引き起こされた死の非本来化を目の前にして、詩人は、フロイト的な喪の図式にしたがって反応しているのである。失った対象を自分のうちに取りこもうとしているのだ。あるいは、メランコリーというそれと同種のケースがそうであるように、本来のものであるとか本来のものでないと語ることが単純に無意味であるような対象――死――を、奪われたものとして出現させている。ウルスゴールにある自分の古い家での侍従ブリッゲの死を「本来の死」にするものはなにかということについては、マルテがそれを「王らしい」死の典型として事細かに述べているにもかかわらず、侍従がまさに自分の家で自分の召使たちと自分の犬たちに囲まれて死ぬということ以外には、どこにも語られていない。それどころか、死に「特別な尊厳」を取り戻させようとするリルケの試みは、結局のところ、瀕死の領主を「堆肥用の熊手」で殺すという農夫の夢がこの詩人の抑圧された欲求なのではないかとおもわれるほどに、下品な印象を残している。

2‐20　絶滅収容所を定義する「死体の製造」という表現は、二〇年代の半ばころにフライブルクでアーレントを教えたマルティン・ハイデガーがすでに一九四九年に用いていた。そして、興味深いことに、「死体の製造」は、さきほどのレーヴィにおいてそうであったように、ハイデガーの場合にも、大量殺戮の犠牲者たちについては死を語ることができないこと、かれらは本当の意味で死んだのではなく、流れ作業の工程によって生産された部品でしかないことを含意していた。

「かれらは何十万と大量に死ぬ」。この哲学者がブレーメンで技術についておこなった「危機」と題された講演のテキストはそう唱えている。

かれらは死ぬのだろうか。落命するのである。除去されるのである。かれらは死ぬのだろうか。死体製造所の部品になるのである。かれらは死ぬのだろうか。絶滅収容所のなかで区別なく一掃されるのである。〔……〕一方、死ぬということ（Sterben）は、つぎのことを意味する。すなわち、本来的な存在のうちで死に耐えるということである。死ぬことができるということは、つぎのことを意味する。すなわち、このように決然として耐えることができるということである。そして、わたしたちがそうすることができるのは、わたしたちの存在が死の存在であることができる場合だけである。〔……〕無数の、残酷な、死なない死（ungestorbener Tode）という途方もなく悲惨な状況がいたるところに見られる。にもかかわらず、死の本質は、人間には阻まれている。（Heidegger 1, p.56）

周縁的にではあれナチス体制に引き入れられた著者が、何年もの沈黙のあとに、このように絶滅収容所のことに言及するのは、いくらなんでも不適切ではないかと、その数年後にこの哲学者が反論を受けたのはもっともなことではある。それでも、犠牲者がこのように死の尊厳を否定されているのが目撃され、「死産児」というリルケのそれを思わせるイメージのもとに、死なない死をもって落命するという刑を受けていたのはたしかである。しかしそれなら、収容所においては、死ぬ死、本来的な存在のうちで耐えられる死とは、なんでありえたのだろうか。そして、アウシュヴィッツでは、本来の死を本来のものでない死から区別することに本当に意味があるのだろうか。

じつは、『存在と時間』では、死に特別な役割が託されている。死は決意の体験であり、「死に向かう存在」の名のもとに、おそらくはハイデガーの倫理学の究極の意図を体現している。というのも、人間は、おしゃべり、あいまいさ、散漫からなる日常の非本来性のうちに、つねにすでに、なによりも先んじて投げこまれているが、ここで生じる「決意」のもとで、その非本来性は本来性に変容するからである。そして、つねに他の者たちのものであり、本当の意味で現前することはけっしてない匿名的な死が、もっとも本来的で究極的な可能性に変じるからである。この可能性は、なにか特定の内容をもつわけではなく、あるべきものや実現すべきものを人間に提示するわけではない。反対に、死は、可能性として考えられるかぎり、絶対的に空虚であり、特定のいかなる輝かしい名ももたない。それは、ただ単にあらゆる行動とあらゆる実存の不可能性の可能性である。しかし、まさにこのために、死に向かう存在のうちで、この不可能性とこの空虚を根本から体験するものである決意は、いかなる不決断からも解放され、はじめて完全にみずからの非本来性を自分本来のものとする。いいかえれば、実存の果てしない不可能性を体験することは、人間が世人の世界に踏み迷うことから解放されて、自分自身に自分本来の事実的な実存を可能にしてやる方法なのである。

したがって、ブレーメンの講演におけるアウシュヴィッツのありようは、なおさら意味深いものとなる。この観点からすれば、収容所は、死をもっとも本来的で究極的な可能性、不可能なものの可能性として体験することが不可能な場所ということになるだろう。すなわち、自分本来のものでないものが自分本来のものとならない場所、非本来的なものによる事実的な支配が転覆されることも例外を生むこともない場所である。このため、収容所では（この哲学者によれば、技術の無条件の勝利の時代における他のすべてのものにおいてそうであるように）、死の存在は阻まれており、人間は死ぬのではなく、死体として生産されるのである。

しかしながら、本来の死を本来のものでない死から峻別したリルケのモデルの影響がここではこの哲学者を矛盾におとしいれていないかどうか、問うてみてもよいだろう。じっさい、ハイデガーの倫理学においては、自己性と本来性は、非本来的な日常性よりも上に浮かんでいるもの、現実の領域の上位にあるイデアの領域ではない。それらは「非本来的なものを別の様態のもとでとらえたもの」にほかならず、そのとらえ方のもとで手に入るのは実存の事実的な可能性にすぎない。ハイデガーがたびたび言及するヘルダーリンの原理によれば、「危機のあるところでこそ、救うものが育つ」。すなわち、まさに収容所の極限状況においてこそ、本来化と救いが可能となるはずなのである。

したがって、アウシュヴィッツで死の体験が阻まれるのは、本来的な決意の可能性そのものをあやうくするような別の理由、かくてはハイデガーの倫理学の土台そのものを揺るがすような別の理由によるのにちがいない。じっさい、収容所は、自分本来のものと自分本来のものでないもの、可能なものと不可能なもののあらゆる区別がまったくなくなる場所である。というのも、こここでは、自分本来のものの唯一の内容は自分本来のものでないものであるという原理が立証されるのは、まさしく、自分本来のものでないものの唯一の内容は自分本来のものであるという逆の原理によってであるからである。そして、死に向かう存在において、人間が非本来的なものを自分本来のものにするのと同じように、収容所においては、収容者たちは日常的かつ匿名的に死に向かって実存する。自分本来のものでないものの本来化は、もはや可能ではない。というのも、自分本来のものでないものは、すでに自分本来のものをすっかり担っていたからであり、人間は、いかなる瞬間にも、事実的にみずからの死に向かって生きているからである。このことが意味するのは、アウシュヴィッツでは、死と単なる落命、死ぬことと「一掃されること」を区別することはもはやできないということである。アメリーは、ハイデガーのことを念頭に置きながら、こう書いている。「解放されたときには、死ぬことについて考えることを強いられることなく、死ぬことに苦しめられることなく、死について考えることができる」(Améry, p.51)。収容所では、これは不可能である。それは、アメリーが示唆しているように見えるのとはちがって、死にざま(フェノールの注射による死、ガス室による死、殴打による死)について考えていると、死そのものについて考えることがそっちのけになるからではない。死についての思惟がすでに物質的に実現されていたところ、死が「些末で、決まりきったお役所仕事のようで、日常的」(Levi 2, p.120)であるところでは、死と死ぬこと、死ぬことと死にざま、死と死体の製造は、識別できないものとなるからである。

２－21　アウシュヴィッツの生き残りのひとりで、つねに正しいことを語っているように見えるグレーテ・ザールスは、かつてこう書いたことがある。「人間は、耐えられることはすべて耐えなければならないなどということはけっしてないだろうし、このように力のかぎり耐え抜いて人間的なものをすっかり失ってしまうのを見るなどという必要もけっしてないだろうに」（Langbein 1, p.97）。この特異な文句についてよく考えてみるべきである。これは、収容所の独特のあり方、その特殊な現実を完璧に言いあらわしている。生き残り証人たちの証言によれば、そのあり方のせいで、収容所は絶対的な真実であるとともに、想像不可能なものでもある。じっさい、死に向かう存在においては、（死という）不可能なものの体験をとおして可能なものを創造することが問題であるのだとすれば、ここでは、不可能なもの（大量の死）が、可能なものの完全な体験をとおして、可能なものの無限性を汲み尽くすことをとおして、生産される。このため、収容所はナチスの政治の絶対的な証明なのである。ナチスの政治は、〔ヒトラー政府の宣伝相であった〕ゲッベルスの言葉によれば、まさに「不可能に見えるものを可能にする芸術」であったのだ（Politik ist die Kunst, das unmöglich Scheinende möglich zu machen）。このため、収容所においては、ハイデガーの倫理学にもっともふさわしいふるまい――自分本来のものでないものを自分本来のものにすること、実存を可能にすること――は、いつまでも実現されないままにとどまるのであり、それゆえ「死の本質は人間には阻まれている」のである。

　収容所に移った者は、沈んでしまった場合も、生き残った場合も、耐えられるものはすべて耐え、耐えたくないものも耐えるべきでないものもすべて耐えた。しかし、このように「力のかぎり耐え抜いた」結果、このように可能なものを汲み尽くした結果、「人間的なものをすっかり」失ってしまう。人間の潜勢力は非人間的なもののうちへと越境しており、人間は非－人間をも耐えている。ここから、生き残った者の悩み、レーヴィが『創世記』から受け継いだ苦悩と考えた「名前のない、やむことのない悩み」、「人間の精神が不在のトーフ・ヴァヴォフ〔空虚な宇宙ないしは混沌（カオス）〕のそれぞれのうちに刻みこまれた苦悩」（Levi 2, p.66）が生じる。このことが意味するのは、人間は非人間的なものの刻印を担っているということであり、人間の精神は非－精神という傷、すべてを受け入れられる人間の能力のもとへと残酷にも引き渡された非人間的なカオスという傷をみずからの中心に包みもっているということである。

悩みも、証言も、ただ単に、なされたこと、あるいは被ったことにかかわっているのではなく、なされえたこと、あるいは被りえたことにかかわっている。非人間的なのは、被ることのこの可能性、このほとんど無限の潜勢力であって、なされたことではなく、行動でも行動しそこなうことでもない。ＳＳの隊員たちに拒まれていたのは、まさにこの可能性の体験である。この死刑執行人たちは、自分たちがやったこととはちがったふうにはできなかったと、口をそろえて言いつづけている。すなわち、自分たちはただ単にできなかった、やらなければならなかっただけなのだと。行動する可能性をもたずに行動することは、こう言われる。Befehlsnotstand と。すなわち、命令遂行の強制状態ということである。そして、自分たちは kadavergehorsam、すなわち、死体のように従ったのだと、アイヒマンは言った。たしかに、死刑執行人たちもまた、耐えてはならないこと（しかもときには耐えたくないこと）を耐えなければならなかった。しかしそれでも、〔寄席芸人〕カール・ヴァーレンティーンの含蓄あるジョークによるなら、「それができるほどの元気はなかった」。このため、かれらは「人間」のままであったのであり、非人間的なものを体験しなかった。この「可能性」の徹底的な欠如が一九四三年十月四日の〔ＳＳの隊長〕ヒムラーの言葉ほど暗愚な率直さをもって表明されたことはおそらくないだろう。

あなたがたの大部分は、百の死体がそこに横たわっていること、五百の死体がそこに横たわっていること、千の死体がそこに横たわっていることがなにを意味するか、わかるだろう。これに耐えたということ、そして人間の弱さに起因する少数の例外をのぞいては、立派な人間でありつづけたということ。そのことが、わたしたちを気高くした。これは、これまで書かれたことがなく、これからも書かれることのない、わたしたちの歴史の栄光の一ページである。(Hilberg, p.1091)

したがって、ＳＳの隊員たちがほとんど例外なく証言する能力がないということが明らかになったとしても、偶然ではない。犠牲者たちが、耐えることができたことはすべて耐えたがゆえに、自分たちが非人間的になったことについて証言したのにたいして、死刑執行人たちは、拷問し殺しているあいだ、「立派な人間」でありつづけ、耐えることができたはずのことを耐えることをしなかったのだ。

そして、この耐え抜くことの最大限の可能性の極端な形象が回教徒であるとすれば、なぜＳＳ

の隊員たちが回教徒に目を向けることができず、ましてや回教徒のために証言できなかったのかがわかる。

かれらはかくも弱かった。なんでもされるがままだった。かれらは、他の人々とのいかなる共通の基盤もなく、いかなるコミュニケーションの可能性もない人々だった。ここから軽蔑が生まれる。どうしてかれらがそのように屈従することができるのか、わたしにはわからなかった。ごく最近になって、わたしはユキウサギについての本を読んだ。ユキウサギは、五年か六年おきに、海に身を投げて死ぬ。それはトレブリンカのことを思わせた。(Sereny, p.313)

2-22 死体が特別に敬意を払うに値するという考え、死の尊厳のようなものがあるという考えは、実をいえば、倫理学が最初から有していた財産ではない。それはむしろ法律の最古の地層、いたるところで呪術と混じりあっている地層に根ざしている。じっさい、死者のからだに尊敬を払い、配慮するのは、もともと、死者の魂(あるいはむしろ死者の心像もしくは幻影)が恐ろしい幽霊(ラテン語の larva、ギリシア語の eidolon もしくは phasma)として生者の世界に留まるのを防止するのが目的であった。葬儀はまさにこのやっかいで不確かな存在を友好的で力強い先祖に変えるためにおこなわれたのであって、こうして先祖とのあいだに礼拝による明確な関係が保持されたのであった。

しかし、太古の世界は、それとは反対に、この和解をいつまでも不可能なままにすることをねらいとする儀礼を知っていた。それは多くの場合、ただ単に、亡霊が敵として出現するのを無力化しようとするものであった。たとえば、ぞっとするような切断の儀式がそうで、殺された人間のからだの先端部（手、鼻、耳など）を切断して、ひもに通し、そのひもを脇の下につなぐのである。こうして、死者は、本人が被った侵害の仕返しができなくなるのだ。しかし、埋葬しないこと（これがアンティゴネとクレオンの悲劇的な争いのもととなった）も、死者のからだに加えられる呪術的な復讐の一種だった。こうすることによって、死者は、永遠に幽霊でありつづけるという罰、けっして平安を見いだすことができないという罰を受けるのであった。このため、ギリシアとローマの太古の法律においては、葬儀の義務はきわめて厳格で、死体がない場合には、その代わりに、巨大な像、すなわち死者の儀礼上のいわば分身（一般に木製か蠟製の像）を埋めなければならないと定められていた。

この呪術的な儀礼にまっこうから対立するのが、「死体は糞尿よりもなお放り捨てるべきである」（ヘラクレイトス、断片九六）という哲学者の主張であり、また死者が死者を埋葬するがままにしておくよう求めるプロテスタントの戒律である（フランチェスコ派のいくつかの宗派が葬儀を司宰することを拒否するのは、カトリック教会の内部にあっての、そのプロテスタントの戒律に呼応する現象である）。むしろ、この二重の遺産、すなわち呪術－法律的な遺産と哲学－キリスト教的な遺産の絡まりあいと対立が、死の尊厳にたいするわたしたちの文化の両義性を最初から決定しているといえる。

『カラマーゾフの兄弟』のなかで霊的指導者（スタリッツ）であるゾシマの死体から発する耐えがたい悪臭のエピソードほど、この両義性が強力にあらわれているくだりはおそらくないだろう。というのも、ここでは、この聖なる霊的指導者の小房の前に押し寄せた僧たちは、聖性の香りを放つどころか、不面目にもすぐに腐敗しはじめた死者に尊厳が明らかに欠けているのを目の前にしてかれの生の聖性を疑うにいたった多数の者たちと、死体がどうなるかによって倫理の次元についてなにかを結論づけることはできないことを知っている少数の者たちとに、すぐさま分かれるからである。懐疑派の僧たちの頭の上を漂う腐敗臭は、どこか、火葬場の炉の煙突――「天に昇る道」――が収容所にまき散らしていた吐き気をもよおさせるような臭いを思わせる。ここでもまた、その悪臭は、一部の者たちにとっては、死すべき者である人間の尊厳にアウシュヴィッツが加えたこのうえない凌辱の印なのである。

2－23　わたしたちの文化が死にたいしてもっている関係の両義性は、アウシュヴィッツ以後その発作的な激高状態に達する。このことは、とくにアドルノのうちに明白にあらわれている。かれは、アウシュヴィッツをいわば歴史の分水嶺にしようと望んで、「アウシュヴィッツ以後は一篇の詩も書くことができない」（『プリズメン』）と主張しただけでなく、「アウシュヴィッツ以後のあらゆる文化は、その文化にたいする批判も含めて、ごみくずである」（『否定弁証法』）（Adorno 1, p.331）とも主張したのであった。一方では、かれは「死体の製造」についてのアーレントとハイデガーの考察を共有しているように見え（それ以外のことでは、かれはこの二人にたいしていささかの共感ももっていない)、「死の安価な大量生産」について語っていながら、他方では、本来の死にたいするリルケの（および同じハイデガー自身の）切望を冷笑気味に非難する。『ミニマ・モラリア』〔一四八「屠殺業」の項〕にはこうある。

各人に個人的な死を与えるよう神に求めるリルケの有名な祈りは、あわれな欺瞞でしかない。人間はくたばるだけだという事実をかれは隠そうとしているのだ。(Adorno 2, p.284)

この揺れは、アウシュヴィッツの特殊な犯罪を確実につきとめる根拠の不可能性をあらわにしている。じっさい、一見すると矛盾しているように見える二つの訴因が、その犯罪について告発されている。ひとつは生にたいする死の無条件の勝利を実現したというもので、もうひとつは死の零落とおとしめである。これらの告発はどちらも、つねに純粋に法的な行為である告発がおそらくすべてそうであるように、アウシュヴィッツの凌辱を汲み尽くして、それを訴状として明確化することができていない。あたかも、そこには、どうしても見ることができず、また見たくもないゴルゴンの首のようなものがあるかのようである。生と死、尊厳と不面目という、対極をなすとともにいたって馴染みのものでもあるカテゴリーに還元して、わかりやすいものにしたくなるくらいに、まったく前代未聞のものがあるかのようなのである。これらの対極的なカテゴリーのあいだで、アウシュヴィッツの真の完全数――回教徒、「収容所の中枢」、「だれも見たくない者」、あらゆる証言のうちに欠落を刻みこむ者――が、定まった位置づけを与えられることのないまま、揺れ動いている。回教徒こそは実のところ、わたしたちの記憶が埋葬することのできない幽霊、わたしたちがきっぱりと清算したくてもお払い箱にすることのできない存在なのだ。じっさいにも、回教徒は、ある場合には、非－生者として、その生が本当の生ではなくなった者としてあらわれ、またある場合には、その死を死とは呼ぶことができなくなって、死体の製造としか呼ぶことができなくなった者としてあらわれる。すなわち、生のうちへの死の領域の内接、死のうちへの生の領域の内接としてあらわれるのである。どちらの場合においても——そこでは、人間は、みずからを人間として構成しているものとの、すなわち死と生の神聖不可侵性との特権的な結びつきが粉々になるのを体験するので——、問題に付されているのは人間の人間性そのものにほかならない。回教徒は、執拗に人間としてあらわれる非－人間なのであり、非－人間的なものと区別することのできない人間的なものなのである。

このことが本当なら、生き残り証人が回教徒こそは「完全な証人」だと言うとき、包括的な意味をもった証言をする唯一の者だと言うとき、その生き残り証人はなにを言おうとしているのだろうか。非－人間が、どうして人間について証言することができるのだろうか。定義からして証言できない者が、どうして真の証人であることができるのだろうか。こう問いたくなるのは、『これが人間か』という〔レーヴィの著作の〕タイトルは明らかにつぎのことを意味しているからである。すなわち、この「人間」という名称はなによりも非－人間に付けられているということ、人間についての完全な証人とは人間性を完全に破壊された者のことであるということである。いいかえれば、人間は*人間のあとも生き残ることのできる者である*ということである。「回教徒こそは完全な証人である」というテーゼを「レーヴィのパラドックス」と呼ぶとするなら、アウシュヴィッツについての理解は、こうした理解がありうるとすればの話であるが、このパラドックスの意味と無意味についての理解に等しいことになるだろう。

2－24　現代における死の零落について、ミシェル・フーコーは、政治用語を使ってひとつの説明を提示している。それは死の零落を近代における権力の変容に結びつけるものである。領土の主権という伝統的な姿のもとでは、権力は、その本質において生殺与奪の権利として定義される。しかし、こうした権利は、なによりも死の側で行使され、生には、殺す権利を差し控えることとして、間接的にしかかかわらないという意味では、本質的に非対称的である。このため、フーコーは、死なせながら生きるがままにしておくという定式によって主権を特徴づける。十七世紀以降、ポリツァイ〔治安統治〕の学の誕生とともに、臣民の生命と健康への配慮が国家のメカニズムと計算においてしだいに重要な地位を占めるようになると、主権的権力はフーコーが「生権力（bio-pouvoir）」と呼ぶものへとしだいに変容していく。死なせながら生きるがままにしておく古い権利は、それとは逆の姿に席をゆずる。その逆の姿が近代の生政治（ビオポリティック）（biopolitique）を定義するのであって、それは生かしながら死ぬがままにしておくという定式によってあらわされる。

主権において、死は、君主の絶対権力がもっとも顕著にあらわとなっていた地点だったのにたいして、今ではその反対に、死は、個人がいかなる権力をも逃れて、自分自身のもとに戻

り、いわば自分のもっとも私的な部分のうちに閉じこもる契機となる。(Foucault 1, p.221)

こうして、死はしだいに降格していく。死は、個人や家族だけでなく、ある意味では集団全体が参加した公的な儀式の性格を失い、隠すべきもの、私的な恥のようなものとなる。

二十世紀において古い生殺与奪の主権的な権利を長いあいだ体現していた者が新しい医療的な生権力のなすがままとなるのが見られた〔スペイン総統〕フランコの死は、権力の二つの姿が正面から衝突する地点である。生権力はかくも巧みに人間を「生かす」ことができるのであり、死んだあとでさえ生かしておくことができるのだ。しかしながら、フーコーにとって、この二つの権力は、独裁者の身体において一瞬のあいだ不確定になるように見えるものの、本質的には互いに異質なままであり、両者のちがいは、近代の黎明期にあって、ひとつのシステムから別のシステムへの移行を規定した一連の概念的対立(個別的身体/全住民、規律/規制のメカニズム、人間-身体/人間-種)によってあらわされる。もちろん、フーコーは、二つの権力とその技術が互いに補うことができる場合もあることはよく知っている。それでも、両者は概念的に区別されたままである。しかし、まさにこの異質さが、現代の強大な全体主義国家、とりわけナチス国家においての分析に取り組もうとするやいなや、問題化しはじめるのだ。じっさい、この国家においては、生かす生権力の前代未聞の絶対化が死なせる主権的権力の同じくらいに絶対的な全面化と交差する。その結果、生の政治は死の政治と無媒介に一致するのである。この一致は、フーコーの観点のもとでは、正真正銘のパラドックスを呈している。そして、それは、あらゆるパラドックスがそうであるように、説明を要するものである。本質的には生かすことを目的とする権力が、反対に、死の無制限の権力を行使することは、どうして可能なのだろうか。

フーコーが一九七六年のコレージュ・ド・フランスでの講義でこの問いに与えている答えは、よく知られている。すなわち、人種差別とは、生権力が人類という生物学的な連続体（コンティヌウム）のうちに区切りを刻みこむことを可能にし、そうすることによって「生かす」システムのうちに戦争の原理をもちこむものにほかならないというのである。

> 人類という生物学的な連続体（コンティヌウム）のうちでの、人種の登場、人種の区別、人種のヒエラルキー化、一部の人種を優等なものと認定し、反対に他の人種を劣等なものと認定することは、いずれも、権力がそれへの配慮を引き受けてきた生物学的なものの領域を断片化する方法となり、住民の内部でもろもろのグループを互いに区別する方法となる。要するに、まさに生物学的なものとされる領域の内部に生物学的なタイプの区切りを定める方法となる。（p.227）

フーコーの分析をさらに進めてみよう。生政治の領域を分割する根本的な区切りは国民（popolo）と住民（popolazione）のあいだの区切りである。その区切りは、国民の内部から住民を出現させること、すなわち、本質的に政治的な身体を本質的に生物学的な身体に変容させることによっておこなわれる。そして、その生物学的な身体の出生率と死亡率、健康と病気を制御し、規制することが主眼となる。生権力の誕生とともに、どの国民も、住民という分身を生み、どのデモクラティックな国民も同時にデモグラフィックな〔人口統計学上の〕国民となるのである。ナチスの第三帝国においては、「ドイツ民族の遺伝的健康の保護」にかんする一九三三年の法律が、まさにこの原初的な区切りを告げている。そのすぐあとに続く区切りは、市民の総体のうちで、「アーリア血統」の市民を「非アーリア血統」の市民から区別するものである。さらのそのあとの区切りは、後者の市民のうちで、純血ユダヤ人（Volljuden）を混血（Mischlinge――一人の祖父だけがユダヤ人である者か、祖父が二人ともユダヤ人であっても、本人はユダヤ教を信仰しておらず、一九三五年九月十五日の時点でユダヤ人と結婚していない者）から分離する。じっさい、生政治による区切りは本質的に可動的であり、生の連続体のなかで、さらにその先にある領域をそのつど切り離していく。そうしてできた領域は、しだいに推し進められていくおとしめ（Entwürdigung）と零落のプロセスに対応している。こうして、非アーリア人はユダヤ人に移行し、ユダヤ人は強制移住された（umgesiedelt, ausgesiedelt）者に移行し、強制移住者は囚人（Häftling）に移行し、ついには、収容所において、生政治による区切りはその最後の限界に達する。この限界が回教徒である。囚人が回教徒となる瞬間に、人種差別的な生政治は、いわば人種を越えていって、もはや区切りを定めることのできない閾に入りこむ。ここにいたって、国民と住民のあいだの揺れ動くきずなは、ついに粉々になり、定めることができず区切ることができない絶対的な生政治的実体のようなものが浮かび上がるのをわたしたちは目にする。

こうして、ナチスの生政治のシステムにおける収容所の決定的な役割が理解される。収容所は、死と大量殺戮の場であるだけでなく、なによりも、回教徒を生産する場、生物学的な連続体のうちで切り離されうる究極の生政治的実体を生産する場である。その向こうにはガス室しかない。

一九三七年に秘密会議での席上、ヒトラーは生政治にかんするひとつの極端な概念をはじめて打ち出す。それについて見ておかなければならない。ヒトラーは中欧-東欧に言及して、volkloser Raum、民族なき空間が必要だと語っている。この奇妙な用語は、どう理解すべきだろうか。それは、単なる荒れ地のようなもの、住人のいない地理的空間のことではない（かれが言及している地域は、さまざまな民族や国民でいっぱいである）。むしろそれはおよそあらゆる空間が内包している生政治的上のひとつの根本的な強度を指しているのであって、その強度を通過して、それをとおして、国民は住民に移動し、住民は回教徒に移動していくのである。いいかえれば、民族なき空間というのは収容所の内燃機関のことを指しているのである。そして、それは、どれか特定の地理的空間にひとたび据えられたなら、その地理的空間を生政治の絶対空間、そこへと人間の生が定めることの可能ないかなる生政治的アイデンティティをも越えて移行していく生にして死の空間（Lebens- und Todesraum）に変容させてしまう生政治の機械にほかならない。ここにいたっては、死は単なる付帯現象にすぎない。

第3章　恥ずかしさ、あるいは主体について

3－1　『休戦』の冒頭で、レーヴィは、ロシア軍の最前衛部隊との遭遇について書いている。ロシア軍の最前衛部隊は、一九四五年一月二十七日の正午ころ、ドイツ軍が放棄したアウシュヴィッツ収容所に到達する。この遭遇は、悪夢からの決定的解放を約束するものでありながら、奇妙なことに、喜ばしいものとしてではなく、恥ずかしいものとして起こる。

四人の若い騎馬兵だった。かれらは機関銃を脇に抱えて、用心深そうに収容所の境界にある道を進んできた。鉄条網にたどり着くと、かれらは立ち止まって、眺めていた。小心そうに短い言葉を交わしながら。そして、奇妙な当惑にとらわれた視線を、崩れた死体、壊れたバラック、少数の生き残ったわたしたちに向けながら。〔……〕かれらはあいさつもしなければ、にこりともしなかった。憐憫の情とわけのわからない慎みの念とに圧倒されているようだった。その慎みの念がかれらの口に封をし、かれらの目を陰鬱な光景に釘づけにしていた。そ

れは、わたしたちがよく知っているのと同じ恥ずかしさだった。〔ガス室に送る囚人の〕選別のあとに、そして凌辱に立ち会わなければならなかったり、凌辱を受けなければならなかったりするたびに、わたしたちを圧倒したのと同じ恥ずかしさだった。それは、ドイツ兵の知らなかった恥ずかしさ、正しい人が他人の犯した罪を目の前にして感じる恥ずかしさである。そうした罪が存在するということ、そうした罪が現実の世界のなかに取り消しがたくもちこまれてしまったということ、そして、そうした罪にたいしては自分の善意などはほとんど無力でなんの防壁にもなりえなかったということで、正しい人を責めさいなむ恥ずかしさである。(Levi 3, p.157f)

二十年以上のちに『沈んでしまった者と救いあげられた者』を書いているとき、レーヴィはいまや生き残った者たちの支配的感情となっているこの恥ずかしさについてふたたび自問し、それについて説明を与えようとする。が、説明を与えようとする試みがすべてそうであるように、「恥ずかしさ」という章題をもつその本の章が不満足な結末に終わってしまっているとしても不思議はない。その章が「グレイ・ゾーン」についての比類のない分析に当てられた章のすぐあとにあるだけに、なおさらそうである。そちらの章では、説明不可能なものに意識的にこだわって、大胆不敵にも、いかなる説明も拒否しているのである。監督囚人(カポ)について、あらゆる種類の協力者と「突出した者〔卓越した者〕」について、特別労働班(ゾンダーコマンド)の不運なメンバーについて、またウーチのゲットーの「ユダヤ王」だったハイム・ルンコフスキについてさえも、この生き残り証人は「証拠が不明である（non liquet）」と結論していながら（「「火葬場のからすたち」の話については憐憫と慎みをもって考察すべきであるが、かれらについての判断は保留すべきである」Levi 2, p.45）、恥ずかしさについての章では、性急にも、恥ずかしさを罪の意識に還元してしまっているように見える（「多くの者［そしてわたし自身］が、恥ずかしさを、すなわち罪の意識を覚えた」p.55）。ほんの少し前には倫理のまったく未踏の領域に恐れることなく踏みこんだ同じ著者が、そのすぐあとに、罪の原因をつきとめる試みのなかで、ひどく幼稚な良心の点検に甘んじているため、読者は困惑させられる。その点検から浮かび上がる罪（ごく若い同僚たちの要求に苛立って肩をすくめたことがあったとか、わずかの水をアルベルトとは分けあったが、ダニエーレには拒否したというエピソード）は、もちろん軽いものである。しかし、この場合に読者の覚える困惑は、生き残って証言しようとする者の当惑、かれが恥ずかしさについて説明しようとしてできないでいることを反映したものにほかならない。

3−2　生き残った者が罪の意識を覚えるというのは、収容所にかんする文献では決まり文句である。そのパラドックス的な性質を、ベッテルハイムは以下の言葉によって表現した。

真に問題なのは、生き残った者は、頭で考える存在としては（たとえばわたしが自分自身についてそうだとわかっているように）自分に罪がないことをよくわかっているにもかかわらず、感じる存在としては、その者の人間性が自分に罪があると感じることを要請し、じっさいにそう感じているという事実に変わりはないということである。人は、強制収容所を生きのびておいて、罪を感じないわけにはいかない。何百万もの人が死に、しかもその多くは自分の目の前で死んだというのに、自分は信じられないくらいに幸運だったからである。〔……〕収容所では、何年間も、来る日も来る日も、ほかの者たちが破壊され殺されていくのを傍観せざるをえなかった。助けに入るべきだったと、そんなことをしていれば無分別もいいところであったことを知りつつも感じながら。死んだのが自分ではなかったことをしばしば喜んだことで罪を感じながら。(Bettelheim 1, p.217)

この種のアポリアをヴィーゼルはつぎの警句に要約している。「わたしは生きている、ゆえにわたしには罪がある」。そして、こう付け加えている。「友人、仲間、知らない人が、わたしの代わりに死んだおかげで、わたしはこうしてここにいる」。同じ説明は、〔同じくアウシュヴィッツを体験したオーストリアの精神分析医〕エラ・リンゲンスにも見られる。あたかも、生き残った者は、他人の代わりに生きることしかできなくなるかのようである。「生還したわたしたちのだれもが、罪の意識を覚えながら散歩をしているわけではないだろう。ところが、自分のなかにいる監視役が、まれにこうささやきかけるのだ。「他人がわたしの代わりに死んだおかげで、わたしはこうして生きているのだと」」(Langbein 2, p.496)。

レーヴィもまた、同種の感情を覚えている。しかし、かれは、その感情の帰結をそっくりそのまま受け入れることをしないで、その感情とねばり強く闘う。一九八四年になってもまだ、この葛藤は「生き残り」というタイトルの詩にあらわれている。

Since then, at an uncertain hour,
あれ以来、いつともしれないときに、
あの罰が戻ってくる。
そして耳を傾ける者がいなければ、
その胸のなかにある心を焼く。
それは、またもや自分の仲間たちの顔を見る。
曙光に青ざめ、
セメントのほこりに灰色となり、
霧のせいで他の者と見分けがつかず、
不安な眠りのなかで死に染まっている顔を。
夜中に顎の骨が音を立てている、
夢のなかの重々しい石塚の下で、
もうなくなった脳みそをかみつぶしながら。
「この背後にいる、この向こうにいる、沈んでしまった者たちよ、
もう行ってくれ。わたしはだれも押しのけはしなかった。
だれのパンも横取りしなかった。

だれも、わたしの代わりに死んだわけではなかった。だれも。
おまえたちの霧のもとに帰ってくれ。
わたしが生きようが、呼吸しようが、食べようが、飲もうが、
眠ろうが、服を着ようが、それはわたしの罪ではないのだ。」(Levi 5, p.581)

ここで問題とされているのが単なる責任の否認ですまないものであることは、最終行にあるダンテからの引用が証明している。これは、裏切り者の淵のなかでウゴリーノに出会った様子が描かれている「地獄篇」の第三三歌(一四一行を参照)から採られたものなのだ。引用は、収容者の罪の問題に二様の仕方でかかわっている。じっさい、一方で、その「暗い穴」のなかにいるのは、とくに自分の親族や仲間を裏切った者たちである。しかし、他方で、引用された詩行がまさに生き残った者の状況にたいする辛辣な暗示とともに言及しているのは、ダンテが生きているとおもっている者である。もっとも、その魂はすでに死に飲みこまれているのだから、生きているというのは見かけのうえでのことにすぎないのだが。

その二年後、『沈んでしまった者と救いあげられた者』を書いているときにも、レーヴィはふたたび自問する。「おまえが恥ずかしいのは、他人の代わりに生きているからなのか。しかも、おまえよりも心が広く、鋭敏で、賢明で、有為で、生きるに値する人間の代わりに生きているからなのか」。しかし、今回もまた、答えは疑念で充ち満ちている。

否定はできない。みずからを点検し、記憶を閲覧してみたなら、どうだろう。すべての記憶を見つけだし、そのどれかに仮面をかぶせたり、偽装させないようにしようと誓いながら。いいや、明らかな違犯は見つからない。だれかを押しのけたことはないし、だれかを殴ったことはない（もっとも、そんな力はもうなかったかもしれないが）。協力の仕事は引き受けなかった（といっても、協力を求められなかったのだが）。だれかのパンを盗んだことはない。しかしそれでも、否定はできない。想像でしかないが。いや、かすかな疑念でしかないが。だれもが、自分の兄弟にたいするカインであり、わたしたちのだれもが（ただし今回は、きわめて広い意味で、いや普遍的な意味で「わたしたち」とわたしは言っている）、隣人を押しのけ、隣人の代わりに生きているのではないだろうか。（Levi 2, p.63）

ただ、ここでは、非難（あるいはむしろ疑念）を一般化することによって、その切っ先をいくらか鈍くし、傷をやわらげている。「だれも、わたしの代わりに死んだわけではなかった。だれも」とあったのが、「人はけっして他人の代わりに存在しているのではない」（p.45）となっているのだ。

3－3　生き残った者の恥ずかしさのもつ別の顔は、ただ単純に生き残ったことそのものを讃えることである。一九七六年、コルゲート大学教授のテレンス・デ・プレは、『生き残り――死の収容所における生の解剖』を公刊した。ただちにかなりの好評を博したこの本は、「生き残ることは確固とした構造をもった体験であって、偶発的なことでも堕落したことでも不道徳なことでもない」(Des Pres, p.v) ことを明らかにしようとしたものであった。じっさい、収容所における生について著者が企てた解剖の成果は、生きることはつまるところ生き残ることだということであり、「生そのもの」の最内奥にあるこの核心は、アウシュヴィッツの極限状況において、文化＝教養による妨害と歪曲から解放されて、ありのままの姿で白日のもとにあらわれるということである。デ・プレも、回教徒の亡霊を、生き残ろうにも生き残ることができなかったことの形象としていくらか想起してはいるが(「生のなかの死というものの具体例」p.99)、かれは、ベッテルハイムが自身の証言のなかで、収容者たちの匿名的で日常的な生存競争を、古色蒼然とした英雄の倫理、すなわち生を断念する覚悟ができている者の倫理の名のもとに過小評価したと非難する。反対に、現代の倫理の真のモデルは、デ・プレによれば、生き残った者である。その者は、観念的な正当化を探し求めることなく、「生を選択し」、ただ単純に生き残るために闘うというのである。

> 生き残った者は、文化＝教養による束縛を越えて、生そのものに価値がないと主張することによってしか和らげることのできない死への恐怖を越えて生きる、最初の文明人である。生き残った者は、いまや男も女も、介在物なしに死を直視し、生を遠慮なく抱擁することができるほどに強く、成熟し、目覚めていることのあかしである。(p.245)

しかし、生き残った者が「遠慮なく抱擁」しようとする生、かれがどれほど法外な値段ででも買おうとする「ほんの少しの生の延長」（p.24）は、結局のところ、まさしく生物学的な生にほかならず、単純ではあるが不可解な「生物学的要素の優先」にほかならない。続けることが後退にしかならない完璧な悪循環のために、生き残ることによって開示される「延長された生」は、絶対的なア・プリオリでしかない。

生以外のすべてを脱ぎ捨てると、生き残った者が頼りにできるものとしては、文化的歪曲によって昔から抑圧されてきた、生物学的に決定された「素質」以外になにがありえただろうか。身体の細胞に埋めこまれた知識の貯蔵庫以外になにがありえただろうか。それゆえ、生き残りの行動の鍵は、生物学的存在の優先にあるだろう。（p.228）

3－4　デ・プレの著作がベッテルハイムの怒りの反応を引き起こしたとしても不思議はない。『生き残り』が公刊された翌日に『ニューヨーカー』誌に発表された記事のなかで、ベッテルハイムは、生き残った者にとって罪の意識が決定的に重要であることをふたたび主張した。

たいていの生き残った者たちにとって、自分だけが「生を遠慮なく抱擁することができるほどに強く、成熟し、目覚めている」などというのは、仰天すべきニュースだろう。というのも、ドイツの収容所に入った者たちのうち、ほんのわずかな数しか生き残らなかったからである。では、死んだ何百万もの人については、どうだろう。ガス室に追いたてられているときに、「生を遠慮なく抱擁することができるほどに〔……〕目覚めて」いただろうか。〔……〕あそこでの体験によって完全に破壊されてしまった多くの生き残った者については、どうだろう。かれらは、最良の精神療法を何年間も受けても、記憶を直視することができない。その記憶は、深刻でしばしば自殺にいたらせる抑鬱のもとで、かれらに取り憑いて離れない。〔……〕収容所が出てくる恐ろしい悪夢については、どうだろう。いくら実り豊かな生活を送っていても、三十五年の月日が過ぎた今日もなお、わたしは、その悪夢で目が覚めることがある。そして、わたしが尋ねる機会のあった生き残った者はみな、その悪夢を見ていた。(Bettelheim 1, p.216)

罪を感じる能力だけが、わたしたちを人間的にする。客観的に見てわたしたちに罪がない場合には、とりわけそうである。(p.231)

しかしながら、論争的な調子にもかかわらず、多くの徴候からして、この二つのテーゼは、じつは見かけほど遠く離れてはいないと考えられる。じっさい、二人の論敵は、どちらも奇妙な循環にとらわれていることに多少とも気づいている。その循環のせいで、一方では、生き残ることを讃えるには、あいかわらず尊厳に訴える必要がある(「極限状況において生き残ることには奇妙な循環があり、生き残った者は「死にはじめることがない」ようにするために自分の尊厳を維持する一方、「道徳的に生き残る」ために自分のからだを大切にする」Des Pres, p.72)。他方では、尊厳と罪の意識を求めることには、生き残ることと「生存本能」の意味しかない（「心にも理性にも耳を閉ざすことのなかった囚人が生き残った」Bettelheim 3, p.214、「死んだ者にたいしてではなく、わたしたち自身とわたしたちの周囲でまだ生きている者にたいするわたしたちの義務は、生存本能を強化することである」Bettelheim 1, p.102）。そして、ベッテルハイムが、結局のところ、デ・プレがかれに向けた「「英雄主義」の倫理」という非難をそっくりそのままデ・プレに言い返すことでおわっているのも、けっして偶然ではない。「たまたま生き残った者を英雄に仕立てあげている。死の収容所が生き残りという優等な者をいかに産み出したかを力説しながら」（p.95）。

これはあたかも、生き残った者の対立する二つの像、すなわち自分が生き残ったがゆえに罪を感じずにはいられない者と、生き残ったことによって無実を主張しようとする者とが、その対称的な身ぶりによって、秘密の連帯をあらわにしているかのようである。これら二つの像は、生者が無実と罪を分離しておくこと――自分の恥ずかしさになんとか決着をつけること――の不可能性の二つの顔である。

3-5　他人の代わりに生きているがゆえの罪の意識が生き残り証人の感じている恥ずかしさについての正確な説明になるかどうかは、まったくさだかではない。まして、生き残って証言する者が無実ではあっても、生き残りである以上、罪を感じなければならないというベッテルハイムのテーゼは疑わしい。生き残りであるがゆえのものであって、かれが個人として行為したこと、あるいは行為しそこなったことには属していないこの種の罪を負うことは、倫理の問題をうまく解決できないといつも漠然とした集団的な罪なるものを引き受けようとするという世間一般の傾向に似ている。意外なことに、あらゆる年代のドイツ人がナチズムにまつわる集団的な罪を戦後になって進んで負ったということ、かれらの親やかれらの民族が犯したことに進んで罪を感じたということの裏には、同じくらい意外なことに、個々人の責任を確認し、個々の犯罪を処罰することにたいする消極的な気持ちが働いていたのだということについて想起するようながしたのは、ハナ・アーレントであった。同様に、ドイツのプロテスタント教会は、ある時期になって、「われわれの民族がユダヤ人にたいしておこなった悪にかんして、**慈悲の神**にたいして、みずからが共同責任を負っていること」を公然と宣言した。しかし、この責任はじつは**慈悲の神**にではなく**正義の神**にたいするものでなければならないという不可避的な帰結、ひいてはこの責任は反ユダヤ主義を正当化するという罪を犯した牧師たちにたいする処罰をもたらすことになるという不可避的な帰結をそこから導き出す気まではプロテスタント教会にはなかった。同じことはカトリック教会についても言える。カトリック教会は、最近もまた、フランス司教団の声明を介して、ユダヤ人にたいするみずからの集団的な罪を認めるつもりでいることを明らかにした。しかし、カトリック教会は、ユダヤ人にたいする迫害と大量殺戮にかんする（そしてとりわけ一九四三年十月におこなわれたローマのユダヤ人の追放にかんする）教皇ピウス十二世の怠慢が明白で、重大で、資料によって裏づけられているにもかかわらず、それを認めたことはない。

集団的な罪もしくは無実について語ってもまったく意味がないこと、自分の民族や自分の父が犯したことに罪を感じるということは比喩としてしか言えないことを、レーヴィは確信して疑わない。「裏切られ、誤った道へ導かれた、哀れなわが民族に重い罪がある」と、かれに偽善的に書いてよこすドイツ人に、かれはこう答える。「罪と過ちについては個々人がみずから責任を負わなければならない。そうでなければ、文明の痕跡が地表からすっかり消えてしまう」(Levi 2, p.146)。そして一度だけ、かれは集団的な罪について語るが、そのときにもかれが語ろうとするのは、かれが可能だと考える唯一の意味においてのそれ、つまりは「当時のほとんどすべてのドイツ人」が犯した罪のことでしかない。見なかったはずのないことについて話す勇気、それについて証言する勇気をもたなかったという罪がそれである。

3-6　しかし、生き残り証人が恥ずかしさを感じているのは他人の代わりに生きているがゆえの罪の意識によるという説明が信用できない理由は、ほかにもうひとつある。この説明は、生き残り証人の感じている恥ずかしさを悲劇的な葛藤として提示しようとする欲求を、多少とも明白に、多少とも意識的に含みもっている。ヘーゲル以降、有罪にして無実の者が、近代文化がギリシア悲劇を解釈するための形象、そしてまたその悲劇のもっとも深いところに秘められた葛藤を解釈するための形象となっている。ヘーゲルは〔『美学講義』のなかで〕書いている。「悲劇におけるこれらすべての葛藤において、わたしたちはなによりもまず、罪もしくは無実についての誤った表象を捨てなければならない。悲劇の英雄は、有罪でもあり、無実でもあるのである」(Hegel, p.1356)。しかし、いずれにしても、ヘーゲルの語っている葛藤は、ただ単に客観的な罪に主観的な無実が対置されるというような、良心問題の形をとっていない。悲劇的であるのは、わたした

ちには無実に見える主体が客観的な罪を無条件に負うからなのである。たとえば、『オイディプス王』において問題となるのは、

神々の決定にしたがって人間が意識することも意志することもなく現実になしたことと対比した場合の、人間が自覚的な意志をもって行為することの正当性である。オイディプスは父を殺し、母と結婚し、近親相姦によって子をもうけた。しかし、かれは、意識することも意志することもなく、この忌まわしい大罪に巻きこまれたのである。今日の深みを増したわたしたちの意識の法は、それらの犯罪をみずからの自我のおこなったこととして認めないことにある。というのも、それらの犯罪は当人の意識にも意志にもかかわらないものであるからである。ところが、彫像のごとくに全人格的な生き方をしようとするギリシア人は、個人として行為したことには責任を負う。かれは、自己意識の形式的主観性と客観的な行為とを区別したりはしない。〔……〕かれらは、それらの行為について無実だとは言わない。それどころか、自分がおこなったことを本当におこなったということこそが、かれらの名誉なのである。このような英雄にとって、その行動は無実であった、という言うことほど、かれをおとしめる言葉はないのである。（pp.1356-58）

このモデルほどアウシュヴィッツから遠いものはない。というのも、アウシュヴィッツでは、収容者は、主観的な無実と客観的な罪、自分がおこなったことと自分が責任を感じることができ

るもののあいだに横たわる深淵が自分のおこなったことのどれも自分のものとして引き受けることができないほど大きくなるのを目にするからである。ほとんどパロディに近い反転によって、アウシュヴィッツの収容者は、まさに悲劇の英雄が罪を感じるものについて、自分は無実だと感じ、悲劇の英雄が無実と感じる場合に、自分に罪があると感じる。これこそが、レーヴィが特別労働班（ゾンダーコマンド）のメンバーについて指摘した独特の Befehlsnotstand、すなわち「命令遂行を強制された状態」の意味である。そのために、アウシュヴィッツでは、いかなる悲劇的葛藤も不可能なのである。客観的要素は、悲劇の英雄にとっては、いかなる場合にも最終審級であったが、ここでは、判決を不可能にするものとなる。そして、自分のおこなったことに決着をつけることがもはやできないため、犠牲者は、ベッテルハイムのように、無実の罪というもっともらしい仮面の背後に避難する。

しかし、アウシュヴィッツを正当化するのに悲劇のモデルが適していると考えられないのは、なによりも、そのモデルを処刑者たちが安易に持ち出すからである。なにも欺瞞によってそうするとはかぎらない。ナチスの役人の側が Befehlsnotstand を援用することがずうずうしいことは、何度も指摘されてきた（なかでもレーヴィ自身によって指摘された――Levi 2, p.44）。しかし、少なくともある時期から、かれらがそれを持ち出すのは、非難を逃れるためというよりも（ドイツの軍隊規律そのものに極限的な状況において命令不服従を認める条項が含まれていたため、この種の反駁はすでにニュルンベルクの最初の裁判で退けられていた）、自分自身の目に自分の状況を悲劇的葛藤の枠組みのもとで示すためであった。そして、その枠組みのほうが受け入れやすいことは明らかである。「わたしの依頼人は、法を前にしてではなく、神を前にして罪を感じている」と、アイヒマンの弁護人はイェルサレムでくり返し語った。

典型的な例は、トレブリンカの絶滅収容所の所長であったフリッツ〔フランツ〕・シュタングルである。その人となりを、ジッタ・セレニーは、『あの闇のなかへ』という意味深長な題名をもつ本のなかで、デュッセルドルフの牢獄での一連の対話をとおして辛抱強く探求した。シュタングルは自分の負わされた犯罪について無実であると最後まで頑固に言い張る。その犯罪がじっさいにおこなわれたということにかんしてはいささかも反論することなくである。しかし、心不全で死亡するほんの数時間前、一九七一年六月二十七日の最後の対話のなかで、最後の抵抗が揺らぎ、良心のかすかな光のようなものが「あの闇のなかへ」の道をなんとか切り開いてあらわれるように著者は感じる。

「わたしがみずからやったことにかんして良心にやましいことはない」。かれはそう言った。数かぎりなく、裁判のなかで、またこの数週間のあいだ、わたしたちがこの主題に何度も戻ってくるたびに、かれが用いたのと同じ頑固な調子を帯びた言葉で。しかし、今回はわたしはなにも言わなかった。かれはひと休みして待っていたが、部屋は沈黙に満たされたままだった。「わたしはだれにもみずから意図して危害を加えたことはない」。それまでとはちがって、あまり強くない口調で、かれはそう言い、ふたたび待った。長いあいだ待った。この多くの日々のなかではじめて、わたしはかれにまったく助け舟を出さなかった。もう時間がなかったのだ。かれは両手でテーブルをつかんだ。まるですがりついているかのようだった。「しかし、わたしはそこにいた」。かれはそう言った。妙に乾いて疲れた、あきらめの口調で。これらのわずかの文句を口にするのに、ほとんど半時間もかかっていた。「そう」。かれはようやくこう言った。とても静かに。「たしかに、わたしは罪を共有している。……なぜなら、わたしの罪は……わたしの罪は……これまで話をしてきて、いま初めて……わたしが初めてそれについて話したいま……」。ここで止まった。かれは「わたしの罪」という言葉を口にした。しかし、その意味は、言葉以上に、かれの体がかしいだことに、そしてかれの顔にあらわれていた。一分以上がたって、かれは仕方なく、無気力な口調で言葉を継いだ。かれはこう言った。「わたしの罪は、まだここにいることだ。それがわたしの罪だ」。

(Sereny, p.492f)

多数の人間をガス室で殺すことを指揮した人間が正攻法によるなら死しか解きほぐすことができないくらいに絡まりあっていて謎めいた新種の悲劇的葛藤を暗に持ち出したことは、かれの懺悔と罪の弁証法にのみ関心を向けているセレニーが考えているらしいのとはちがって、シュタングルが「あるべきだったはずの人間になった」(p.495) 真理の瞬間が出現したことを意味してはいない。反対に、それは、かれの証言する能力が決定的に崩壊したこと、絶望的にも「あの闇」がふたたび閉ざされてしまったことを告げている。ギリシアの英雄はもう永遠にわたしたちのもとを去っており、もうどのようにしてもわたしたちのために証言することはできない。アウシュヴィッツ以後、悲劇のモデルを倫理に利用することは不可能なのである。

3-7　二十世紀の倫理は怨恨(ルサンチマン)のニーチェ的な克服をもって始まる。過去にたいする意志の無力に抗して、いまでは取り戻しようもなくかつてあったものとなってもはや欲することができなくなってしまったものにたいする復讐心に抗して、ツァラトゥストラは、後ろ向きに欲すること、すべてが反復されるよう望むことを人間に教える。ユダヤ－キリスト教的な道徳にたいする批判は、二十世紀にあっては、過去を完全に引き受ける能力、罪とやましい良心からきっぱりと解放される能力の名のもとに、果たされる。永遠回帰とは、なによりもまず、怨恨(ルサンチマン)にたいする勝利であり、かつてあったものを欲する能力、あらゆる「このように在った」を「在ることをわたしはこのように欲した」に変容させる能力、つまりは運命愛（amor fati）である。

これについても、アウシュヴィッツは決定的な断絶を告げている。『悦ばしい知識』のなかでニーチェが「もっとも重い重荷」というタイトルをつけて提案している実験のまねをしてみることにしよう。すなわち、「ある日、もしくはある夜」、悪魔が生き残りのかたわらに這い寄ってきて、かれにこう尋ねるとしよう。「おまえは、アウシュヴィッツがもう一度、そしてさらには数かぎりなく回帰して、収容所のどの細部も、どの瞬間も、どんなささいなできごとも、永遠にくり返され、それらが起こったのとそっくり同じ順番で休みなく回帰することを欲するか。おまえはこれをもう一度、そして永遠に欲するか」。実験をこのように単純に組み替えてみただけでも、それをきっぱりとはねつけ、こんりんざい提案できないものにするのに十分である。

しかしながら、アウシュヴィッツに直面して二十世紀の倫理がこのように挫折するのは、そこで起こったことが残酷すぎて、だれもそれをくり返すことを欲することができず、それを運命として愛することができないからではない。ニーチェの実験においては、恐怖ははじめから計算に入れられており、悪魔の聞き手におよぼすその実験の最初の効果はまさに「こう語りかけた悪魔にたいして歯をむいて呪う」よう聞き手を仕向けるというものである。かといって、ツァラトゥストラの教えの失敗は、怨恨（ルサンチマン）の道徳をただ単に再興させることを意味するわけでもない。犠牲者にとって、その誘惑は大きいにしてもである。たとえば、ジャン・アメリー✣は〔『罪と罰の彼岸——ある敗北者の清算の試み』（一九七七年）において〕「起こってしまったことは起こってしまったことだと認めて受けいれる」（Améry, p.123）ことを単純に拒否する正真正銘の反ニーチェ的な怨恨（ルサンチマン）の倫理を定式化するにいたった。

支配的な実存範疇としての怨恨は、わたしの怨恨について言えば、個人の歴史的な長い進展の結果である。〔……〕わたしの怨恨は、罪人にとって罪を道徳的な現実にするために、かれに自分の悪行の真実を突きつけるために、実存する。〔……〕わが身に起こったことについての省察にささげられた二十年をとおして、わたしは、社会的圧力によって引き起こされる免

✣　ベルギーで反ナチス抵抗運動に参加して一九四三年に逮捕され、アウシュヴィッツとブーヘンヴァルトに収容された経歴をもつユダヤ系オーストリア人批評家（一九一二年ウィーン生まれ）で、一九七八年に自殺した。

> 罪と忘却が不道徳なものであることを理解したと思う。〔……〕じっさい、自然的な時間感覚は傷口が癒着する生理学的過程に根ざしており、現実についての社会的表象に関与するにいたっている。まさにこの理由により、その感覚の性質は道徳外のものであるだけでなく反道徳的である。あらゆる自然的な事象にたいして同意を表明しないこと、ひいては時間によって引き起こされる生物学的な癒着にたいしても同意を表明しないことは、人間の権利であり特権である。起こってしまったことは起こってしまったことだ。この文句は、真理であるとともに、道徳と精神に反している。〔……〕道徳的人間は時間の停止を要求する。わたしたちの場合、それは罪人をその悪行の前に釘づけにすることである。このようにして、時間の道徳的な逆行が起こってはじめて、罪人は自分に似た者としての犠牲者に近づくことができる。(pp.122-24)

プリモ・レーヴィには、こうしたものはまったくない。たしかに、かれはアメリーが内輪でかれに付けた「赦す人」というあだ名を拒否する。「わたしには赦す性癖はなく、当時のわたしたちの敵のだれも赦したことはない」(Levi 2, p.110)。しかし、アウシュヴィッツが永遠に回帰するのを欲することができないのは、かれにとってはまた別の根拠をもっており、その根拠は起こったことの新しい前代未聞の存在論的内実を含んでいる。アウシュヴィッツが永遠に回帰するのを欲することができないのは、それは起こることをけっして止めておらず、つねにすでにくり返されているからなのである。この残忍でおさまることのない経験は、レーヴィの場合には、夢という形をとって引き渡されていた。

夢のなかに、またもうひとつの夢がある。細部は多様だが、実体は同一だ。わたしは家族もしくは友人たちとテーブルについていたり、仕事をしていたり、緑の田園のなかにいる。要するに、平穏で広々とした環境にいる。表面的には、緊張と苦痛はない。それでも、わたしは微かながらも深い苦悩を感じている。脅威が迫っているという、はっきりとした感覚だ。じっさい、夢が進んでいくにつれて、少しずつ、あるいは一気に、そのつど異なった仕方で、わたしの周囲のすべてが倒れ、解体する。風景も、壁も、人間も。そして、苦悩はどんどん強まり、はっきりとしてくる。もうすべてがカオスに変わっている。わたしはただひとり灰色で濁った無の中心にいる。そうだ、わたしは、これがなにを意味するのかを知っている。自分がずっとそれを知っていたことも知っている。わたしはふたたび収容所（ラーガー）にいるのだ。収容所（ラーガー）の外にあるものは、どれも本当のものではなかった。外のことは、短い休暇だったのだ。あるいは、感覚のあざむき、夢だったのだ。家族も、花咲く自然も、家も。もうこの内側の夢、平和な夢は終わった。そして、まだ凍りついたように続いている外側の夢のなかで、わたしはひとつの声が響きわたるのを聞く。周知のものだ。もったいぶってはおらず、それどころか短くて抑えた一語だ。それはアウシュヴィッツでの夜明けの号令で、外国語の言葉だ。恐れられると同時に待ち望まれるものでもあった。「フスターヴァチ」、起きろ、というのだ。（Levi 5, p.254f）

『いつともしれないときに』に収録されている一篇の詩に書き留められているヴァリエーションでは、この体験はもう夢の形をしておらず、確信に満ちた予言の形をしている。

わたしたちは、残忍な夜また夜に
濃密で暴力的な夢を見ていた。
全身全霊をもって見ていた。
家に帰って、食べる夢だ、語る夢だ。
すると、夜明けの号令が
短く抑えた調子で響いた。
「フスターヴァチ」。
そして、胸のなかで心が砕け散った。
さて今はわたしたちは家に戻っている。
腹は満ち足りている。
語りたいことも語りおえた。
もう時間だ。すぐにまた耳にするだろう。
外国語の号令を。
「フスターヴァチ」。

倫理の問題は、ここでは根底から形を変えてしまっている。もはや、肝心なのは、過去を引き受けるために、過去が永遠に回帰するのを欲するために、復讐心に打ち勝つことではない。受け入れがたいことを怨恨によってしっかりと手にすることでもない。いまわたしたちが目の前にしているのは、受け入れと拒否の向こう側、永遠の過去と永遠の現在の向こう側にあるもの——永遠に回帰するが、まさにこのために絶対に永遠に引き受けることのできないできごと——である。善悪の彼岸にあるのは、生成の無垢ではない。罪をともなわないだけでなく、いわばもはや時間もともなわない恥ずかしさである。

3－8　恥ずかしさは、本当には罪の意識、すなわち他人よりも長生きしたがゆえの恥ずかしさではないこと、それとは別の、もっと厄介でわかりにくい原因をもっていることは、アンテルムによって疑問の余地なくはっきりと証言されている。かれが伝えているところでは、戦争が終わるころ、囚人をブーヘンヴァルトからダッハウに移送するための狂った行軍のあいだ、SSの隊員たちは、連合軍に追い迫られて、小集団ごとに、からだの具合のせいで行軍を遅らせる可能性のある者たち全員を銃殺したという。銃殺はしばしば慌てふためいて、一見したところなんらの基準もなしに行き当たりばったりにおこなわれた。ある日、若いイタリア人の番となる。

SSの隊員はふたたび呼ぶ。"Du, komme hier!"〔「おまえ、ここに来い」〕。進み出たのは、またもイタリア人で、ボローニャの大学生だ。わたしはかれを知っている。かれの顔は赤くなっている。わたしはじっと注視する。今でも、その赤さは目に焼きついている。かれは道ばたにたたずんでいる。かれもまた、自分がなにをすればよいのかわからずにいる。当惑している様子だ。〔……〕SSの隊員が Du, komme hier! と呼ぶと、かれは赤くなった。赤面する前に、自分のまわりを見回したが、指名されたのは自分だった。もはや疑いがなくなったとき、かれは赤くなった。SSの隊員は、殺すために、だれでもよいだれかを探して、かれを「選んだ」。かれを見つけたとき、考えはそこで止まった。なぜかれであって、ほかの者ではないのか、とは自問しなかった。また、そのイタリア人も、自分のことだとわかったとき、運命の巡り合わせをみずから受け入れ、なぜ自分であって、ほかの者ではないのか、とは自問しなかった。（Antelme, p.226）

行軍中に死んだ名もないボローニャの大学生の赤面を忘れることはむずかしい。かれは、最後の瞬間には、かれを殺す者と二人だけで道路の脇にいた。たしかに、自分を殺す見知らぬ者にたいして感じる親密さはもっとも極端な親密さであり、そうであるがゆえに、恥ずかしさをかき立てることはありうる。しかし、その赤面の原因がなんであれ、かれが生き残ったために恥じているわけでないことはたしかである。むしろ、どう見ても、かれは、死ななければならないことを恥じている。殺されるのに、ほかの者ではなく自分がでたらめに選ばれたことを恥じている。収容所において「他人の代わりに死ぬ」という言葉がもつことのできる唯一の意味は、つぎのことである。すなわち、理由もなく意味もなく、すべての者が他人の代わりに死んだり、生きたりするということ、収容所は、だれも本当に自分自身のこととして死んだり、生き残ったりすることができない場所だということである。そしてアウシュヴィッツは、つぎのことも意味している。すなわち、人間は、死に臨んでも、その赤面、その恥ずかしさ以外のいかなる意味も自分の死に見いだすことができないということである。

いずれにしても、その大学生は、生き残ったがゆえに恥じるのではない。反対に、恥ずかしさが、かれよりも長く生き残る。このことについても、カフカはみごとな予言者であった。『審判』の最後で、ヨーゼフ・Kが「犬のように」死のうとしているとき、死刑執行人の小刀がかれの心臓のなかで二度回るとき、かれのうちで、恥ずかしさのようなものが生まれる。「あたかも、恥ずかしさがかれよりも長く生き残ることになっているかのようだった」。ヨーゼフ・Kは、なにを恥じるのだろうか。ボローニャの大学生は、なぜ赤面するのだろうか。あたかも、その頬の赤さは、限界が一瞬触れられたこと、倫理の新しい題材のようなものが生者のうちで触れられたことを教えているかのようである。たしかに、それは、かれがほかの仕方でも証言できること、言葉でも言いあらわせたはずのことではない。しかし、ともかくもその赤面は、長い年月を飛び越えてわたしたちのもとに到達し、かれのために証言する、言葉のない頓呼法のようなものである。

３−９　エマニュエル・レヴィナスは、一九三五〔−一三六〕年、〔「逃走について」という論考のなかで〕恥ずかしさについての模範的な見取図を描いている。この哲学者によれば、恥ずかしさは、モラリストが教えていることとはちがって、わたしたちが自分の存在から距離をとって、自分の存在の不完全性もしくは欠陥について意識することから生まれるのではない。反対に、恥ずかしさは、わたしたちの存在が自己とのきずなを断つことの不可能性、それが自己自身とのつながりを断つことの絶対的な無力にもとづいている。裸でいるときにわたしたちが恥ずかしさを感じるのは、視線から隠したいものを隠すことができないからであり、自己から逃れようとする抑えがたい衝動に、同じくらい強力に逃亡の不可能性が立ちはだかるからである。肉体的欲求において、また――レヴィナスが同じ診断のなかで恥ずかしさと同格に置く――吐き気において、わたしたちは自己自身のもとへのわたしたちの不快ではあるが抑えることもできない現前を体験するのと同様に、恥ずかしさにおいて、わたしたちはどうしても厄介払いすることのできないもののもとへと引き戻される。

したがって、恥ずかしさのうちにあらわになっているのは、まさしく、自己自身に釘づけにされているという事実、自己自身から逃れて隠れることの根本的な不可能性、自己自身のもとへの自我の容赦ない現前である。裸であることが恥ずかしいのは、わたしたちが存在の剝き出しになるからであり、その存在の究極的な内密性が剝き出しになるからである。そして、わたしたちの身体が裸であることは、精神に対立する物質的なものが裸であることではなく、まったき充満と充実のもとでわたしたちの存在がすべて裸であることであり、わたしたちが忘れるわけにはいかないくらいに、その存在のはばかることのない表現が裸であることであ

> る。チャーリー・チャップリンが『街の灯』のなかで飲みこむ笛は、かれの存在のはばかることのない現前という恥辱をあらわにしている。それは、チャップリンの有名な燕尾服がなんとか偽装している現前の控え目な顕現を丸裸にすることのできる記録装置のようなものである。〔……〕恥ずかしいのは、わたしたちの内密性、すなわち自己自身のもとへのわたしたちの現前である。それは、わたしたちの無を開示するのではなく、わたしたちの実存の全体性を開示する。〔……〕恥ずかしさがあらわにするのは、剝き出しになった存在である。
> (Levinas, p.86f)

レヴィナスの分析をさらに進めてみよう。恥じることが意味するのは、つぎのことである。すなわち、引き受けることのできないもののもとに引き渡されることである。しかし、この引き受けることのできないものは、外部にあるものではなく、まさにわたしたちの内密性に由来するものである。それは、わたしたちの内部の奥深くにあるもの（たとえばわたしたちの生理学的な生そのもの）である。すなわち、ここでは、自我は、それ自身の受動性によって、それのもっとも固有の感受性によって凌駕され、乗り越えられる。しかし、自分のものではなくなり、脱主体化されたこの存在は、自己自身のもとへの自我の極端で執拗な現前でもある。あたかも、わたしたちの意識がどこまでも崩れ、こぼれ出ていきながら、それと同時に、さからえない命令によって、自分の崩壊に、絶対的に自分のものでありながら自分のものでないものに、いやおうなく立ち会うよう呼びつけられているかのようである。すなわち、恥ずかしさにおいて、主体は自分自身の脱主体化という中味しかもっておらず、自分自身の破産、主体としての自分自身の喪失の証人となる。主体化にして脱主体化という、この二重の運動が、恥ずかしさである。

3–10 パルメニデスをテーマとした一九四二–四三年冬学期の講義で、ハイデガーもまた恥ずかしさについて取り組んだ。もっと正確に言えば、これに相当するギリシア語の言葉であるアイドース（aidòs）について取り組んだのであり、かれはその言葉を「真のギリシア文化の根本語」と呼んでいる（Heidegger 2, p.110）。この哲学者によれば、恥ずかしさとは、「人間のもっている感情」（ibid.）以上のものである。むしろそれは、人間の存在全体に行きわたり、その存在全体を決定している情態性である。すなわち、恥ずかしさは一種の存在論的感情であり、まさに人間と存在の出会いをみずからの場所としている。それはほとんど心理学的現象ではないので、ハイデガーは、「存在そのものが、恥ずかしさを、存在の恥ずかしさをともなっている」（p.111）と書くことができる。

恥ずかしさのこの存在論的性格——恥ずかしさにおいてみずからを恥じている存在にわたしたちがさらされているという事実——を強調するために、ハイデガーは嫌悪（Abscheu）をもとにして恥ずかしさを理解するよう求める。ところが、奇妙なことに、その参照は、自明なことであるかのように、その続きがないまま残されている。しかし、実際はそうでない。幸いにも、嫌悪については、ベンヤミンの『一方通行路』のアフォリズムに、簡潔でうってつけの分析がある。ベンヤミンによれば、嫌悪において働いている主要な感情は、自分が不快に感じるものをもとにして自分が認知されることへの恐れである。「魂の奥深くでおののいているのは、自分のなかにおぞましい動物とほとんど異なるところのないものが棲んでいて、この動物をもとにして自分が認知できるものとなることについてのぼんやりとした意識である」(Benjamin, p.11)。このことが意味するのは、嫌悪を感じる者は、いわば、みずからが嫌悪する対象のうちに自己を認めていて、ひいては自分がそれをもとに認知されるのを恐れているということである。嫌悪を感じる人間は、引き受けることのできない他性のうちに自己を認める。すなわち、絶対的な脱主体化のもとで主体化を実現するのである。

この種の相互性は、ほぼ同じ年代にケレーニイが『古代の宗教』〔一九四〇年〕のなかでアイドースについておこなった分析にも見られる。このハンガリーの神話学者によれば、アイドース、すなわち恥ずかしさは、受動性であるとともに能動性であり、見られることであるとともに見ることである。

> ギリシア人の宗教体験の根本的状況であるアイドースの現象において、能動的な見ることと受動的な見ること、見るとともに見られる人間、見られるとともに見る世界が相互的に統合されている。そこでは、見ることは、中に入りこむことをも意味するのである。〔……〕ギリシア人は、「見るために生まれ」、「見ることを天職とする」だけではない。かれの実存の形式は、見られることである。(Kerényi, p.88)

能動的な見ることと受動的な見ることとのこの相互性において、アイドースは、自分が見られることに立ち会うという体験、そして見られるものによって証人に仕立て上げられるという体験のようなものである。母親のあらわな乳房を目の前にしたヘクトルのように（「わが子、ヘクトルは、これを目の前にしてアイドースを感じる」）、恥ずかしさを感じる者は、自分自身が見ることの主体であることによって圧倒されるのであり、かれから言葉を奪うもののために答えなければならない。

こうして、恥ずかしさについての最初の暫定的な定義を前進させることができる。それは、服従させられることと君臨することという——少なくとも見かけのうえでは——この語のもつ二つの対立する意味において、サブジェクトである（essere soggetto）という根本的な感情にほかならない。それは、主体化と脱主体化、自己喪失と自己所有、隷属と君臨の絶対的な相伴のもとで生まれるものである。

3-11　恥ずかしさのこのパラドックス的な性格が意識的に標的にされて快楽に変えられる特殊な領域、すなわち恥ずかしさがいわば自己自身の向こうに運ばれていく特殊な領域が存在する。サド-マゾヒズムがそれである。というのも、ここでは、受動的な主体——マゾヒスト——は、どこまでも自分を越えたところにある自分の受動性に夢中になり、その結果、主体の地位を降りて、別の主体——サディスト——に完全に服従するからである。こうして生まれるのが、縄、契約、金具、コルセット、縫合用の糸、あらゆる種類の緊縛方法といった、儀式の道具立てであり、その道具立てをとおして、マゾヒストの主体は、うっとりとなるくらいにどこまでも自分を越え出ていき、引き受けることのできない受動性を取りこんでイロニー的な仕方で引きとめようとするが、それは果たせない。マゾヒストに特有の苦悩はなによりもまず自分の受容性を引き受けることができないという苦悩であるからこそ、その苦しみはそのまま快楽に逆転することができるのである。しかし、マゾヒストの戦略の巧妙さ、いわばマゾヒストの皮肉に満ちた奥深さが生まれるのは、マゾヒストが自分の受動性を引き受ける地点、引き受けることのできない自分の快楽を引き受ける地点を自己の外部に見いだすかぎりでのみ、自分を越え出ているものを享受することができるからである。この外部の地点が、サディストの主体であり、主人である。

すなわち、サド－マゾヒズムは二極的なシステムとなっているのであり、そこでは、無限の受苦性（passibilità）――マゾヒスト――が同じくらいに無限の無受苦性（impassibilità）――サディスト――に出会い、主体化と脱主体化が二つの極のあいだにあってそのいずれにも固有のものとして帰属することなく、休みなく循環する。しかし、この未決定性は、権力の主体だけでなく、知識の主体にも降りかかる。じっさい、ここでは、主人と奴隷の弁証法は、生死をかけた戦いの結果ではなく、無限の「訓練」の結果、教育と徒弟奉公の綿密で果てしないプロセスの結果であり、そのプロセスのなかで二つの主体は最後には役割を交換する。じっさい、マゾヒストの主体は、主人においてしか自分の快楽を引き受けることができず、サディストの主体も、無限の教育と懲罰をとおして、奴隷に自分の無受苦的な知識を伝えることによってしか、自分自身をサディストとして認めることができず、その知識を引き受けることができない。しかし、定義からしてマゾヒストの主体は残酷な徒弟奉公を享受するのだから、知識を伝えるのに役立ったはずのもの——懲罰——は反対に快楽を伝えるのに役立っているのであり、訓練と徒弟奉公、教師と生徒、主人と奴隷は手のほどこしようがないくらいに混じり合っている。二つの主体が一瞬のあいだ一致する、この訓練と享受の識別不可能性こそ、憤慨した教師がユーモラスな生徒に休みなく思い出させる恥ずかしさである。教師はこう言う。「どうなのだ、おまえは恥ずかしくないのか」。すなわち、「おまえは自分の脱主体化の主体であることをわかっていないのか」と。

3-12　恥ずかしさにそっくり相当するものが、まさしく、近代哲学において自己触発と呼ばれ、カント以降、時間と同一視されるのが習いとなっている主体性の原初的構造に認められるとしても意外ではない。時間が内的感覚の形式、すなわち「わたしたち自身とわたしたちの内的状態についてのわたしたちの直観」(Kant, p.77〔『純粋理性批判』B49〕) の形式である以上、時間を定義するものは、カントによれば、時間において、「悟性は、自分がそれの能力であるところの受動的主観〔主体〕にたいして、内的感覚がそれによって触発されると言ってしかるべきであるような行為をはたらく」(p.146〔B153〕) ということ、それゆえにまた、時間において、「わたしたちは、わたしたち自身によって内的に触発されるようにのみ、わたしたち自身を直観する」(p.148〔B156〕) ということである。わたしたちの自分自身についての直観にともなうこの自己様態化の明白な証拠となるのは、カントによれば、わたしたちは想像のうちで直線を引かないことには時間について考えることができないという事実である。その直線は、いわば、自己触発のふるまいの直接的な痕跡なのである。この意味で、時間は自己触発である。しかし、まさにこのために、カントはここで正真正銘の「パラドックス」について語ることができるのである。それは「わたしたちはわたしたち自身にたいして受動的なものとしてふるまわなければならない（wir uns gegen uns selbst als leidend verhalten mussten）」（p.146〔B153〕）という事実のうちに潜んでいる。

このパラドックスをどう理解すべきなのだろうか。自分自身にたいして受動的であるとは、なにを意味するのだろうか。受動性が、単なる受容性、すなわちただ単に外部の能動的な原因によって触発されることを意味するのでないことは明らかである。ここでは、すべてが主体の内部で起きるのだから、能動性と受動性は一致しなければならず、受動的な主体は自分自身の受動性にたいして能動的でなければならず、「自分自身にたいして（gegen uns selbst）」受動的なものとしてふるまう（verhalten）のでなければならない。光によって刻印される写真のフィルム、あるいは封印の像を刻印される柔らかい蠟を、ただ単に受容的なものと定義するなら、みずからが受動的であることをいわば能動的に感じるもの、自分自身の受容性によって触発されるものだけを受動的と呼ぶことにしよう。すなわち、受動性とは――自己触発であるかぎりで――受容性の二乗なのであって、それは、受容性が自分自身を受苦し、みずからの受動性に情熱的になっているのである。

ハイデガーは〔『カントと形而上学の問題』のなかで〕カントのこのくだりを注釈して、時間を「自己の純粋な触発」と定義している。それは「自己から～へと動く」ことであると同時に「振り返り見る」ことでもあるという奇妙な形式をもっている。このような複雑なふるまいにおいてのみ、このように自己から遠ざかりながら自己を見ることにおいてのみ、「自己自身」なるものが構成されることができるのである。

> 時間は、すでに眼前に利用できるものとなって存在している自己を打つ能動的触発ではない。純粋な自己触発として、それは自己自身にかかわる〔sich-selbst-angehen〕と一般に呼ぶことのできるものの本質そのものをなしている。〔……〕しかし、なにものかがそのようなものとしてかかわることのできる自己自身とは、本質的に、有限な主体である。時間は、純粋な自己触発として、主体性の本質的構造をなしている。このような自己性にもとづいてのみ、有限な存在は、それがあらねばならないもの、すなわち受容へと引き渡されたものとなることができるのである。（Heidegger 3, p.249）

ここで、引き受けることのできない受動性に引き渡されることとしてわたしたちが定義した恥ずかしさとの類似性が明るみになる。それどころか、恥ずかしさは、主体性にもっとも固有の情態性である。というのも、意に反して性的暴力をこうむる人間には、たしかに恥ずべきものはなにもないからである。しかし、その者が、自分が暴力をこうむることで快楽を覚えるなら、自分の受動性に情熱的となるなら——すなわち自己触発が生まれるなら——、その場合にのみ、恥ずかしさについて語ることができる。このため、ギリシア人は、同性愛の関係において、能動的主体（愛する者[エラステース]）を受動的主体（愛される者[エローメノス]）から峻別し、この関係の倫理性を保つために、愛される者が快楽を感じないよう求めた。いいかえれば、主体性の形式としての受動性は、構造的に、純粋に受容的な極（回教徒）と能動的に受動的な極（証人）に分裂しているのである。しかし、だからといって、この分裂は、けっして自己自身の外に出るものではなく、けっして二つの極を分離するものではない。その反対に、内密性の形式、自己を受動性に引き渡すという形式、受動的になる（far-si passivo〔自己を受動的にする〕）という形式をつねにもっている。そして、そこでは、二つの極は区別されるとともに混じり合っているのである。

『ヘブライ語文法綱要』のなかで、スピノザは、内在的原因の概念――すなわち作用者と被作用者が同一の人物であるような作用の概念――を、能動的再帰動詞と不定名詞というヘブライ語のカテゴリーによって解説している。うち、後者について、かれはこう書いている。

作用者と被作用者が同一の人物であることはよくあるので、ユダヤ人には、作用者と被作用者とに同時にかかわる作用をあらわすことができ、能動態にして受動態という形をもった、新しい第七種の不定詞を作る必要があった。〔……〕したがって、内在的原因としての作用者にかかわる作用をあらわす、もうひとつの種類の不定詞を案出する必要があった。〔……〕その作用は、すでに述べたように、「自己自身を訪れる」ということ、あるいは「訪れるものとして自己を立てる、あるいは要するに、訪れるものとして自己を示す（constituerre se visitantem, vel denique praebere se visitantem）」ということを意味しているのである。（Spinoza, p.361）

これらの言語形態の意味を汲み尽くすには、「自己を訪れる」という単純な再帰の形態では――特別な場合にはそれはどうでもよいものではないにしても――スピノザには十分ではないように見えている。そこで、かれは「訪れるものとして自己を立てる」や「訪れるものとして自己を示す」という奇妙な連辞を作らざるをえない（同様の理由により、かれは「訪れられるものとして自己を立てる、あるいは示す」と書いてもよかったはずである）。日常語では、あることをこうむることに快楽を覚える者（そうでないとしても、ともかく、このこうむることの共犯者である者）を定義するのに、かれはあることを「自分にしてもらう」（ただ単に、あることがかれにたいしてなされる、ということではない）と言うことからわかるように、主体における作用者と被作用者の一致は、動きのない同一性の形態をもつのではなく、自己触発という複合的な運動の形態をもつ。そこでは、能動性と受動性がけっして分離されず、しかも、あるひとつの自己のうちにあって両者が一致できずに区別されたものとしてあらわれるというような仕方で、主体は自己自身を受動的なもの（あるいは能動的なもの）として立てる――あるいは示す――のである。その自己とは、自己触発の――能動的にして受動的な――二重の運動において、残りのもの（resto）として生まれるものである。このために主体性は主体化であると同時に脱主体化でもあるという形態を構造的にもっているのであり、このためにそれはその本質においては恥ずかしさなのである。赤面とは、あらゆる主体化において脱主体化をあらわにし、あらゆる脱主体化において主体について証言するところの、その残りのもの（resto）にほかならない。

3－13　恥ずかしいが不可避的でもある体験としての脱主体化について、比類のない文書がある。一八一八年十月二十七日付でキーツがジョン・ウッドハウスに送った手紙がそれである。この手紙で問題にされている「恥ずかしい告白」は詩的主体そのものについてのものであり、それがいつも疎外と不在のうちにいるためにたえず自己自身を欠いていることについてのものである。手紙がパラドックスの形で述べているテーゼはよく知られている。

（1）詩的な自我は、自我ではなく、自己同一的ではない。「詩人という性格存在（わたしがまだなにものかであるならば、わたしもそれの一員であるとおもっているが）について言えば、それはそれ自身ではない――それは自己をもたない――それはあらゆるものであるとともに何ものでもない――それは性格をもたない（it is not itself – it has no self – it is every thing and nothing – it has no character）」（Keats, p.227）。

（2）詩人は、もっとも詩的でないものである。というのも、かれはつねに自分とは別のものであり、つねにほかのからだの代理をしているからである。「詩人は、存在するもののなかでもっとも詩的でないものである。というのも、かれは同一性をもたず――つねにほかのからだの代理をしていなければならない――ほかのからだを満たしている（he is continually in for – and filling some other body）からである」（p.228）。

（3）「わたしは詩人である」という陳述は陳述ではなく、撞着語法であって、詩人であることの不可能性を意味している。「したがって、それ〔詩人〕が自己をもっていないとすれば、そしてわたしが詩人であるとすれば、わたしはもう書かないと言っても、なにがおかしいだろう」(ibid.)。(4)詩的体験は脱主体化の恥ずかしい体験であり、臆面もなく完璧な脱責任化の恥ずかしい体験である。そして、その体験はかれの発するいかなる言葉をも巻きこみ、この自称詩人を子供たちの部屋よりも低い地位に置く。

告白するのも恥ずかしいことである(It is a wretched thing to confess)が、じつは、わたしが口にする言葉はただのひとつもわたしの同一的な本性から生まれてくる意見と見なすことはできない。わたしが本性をもっていない以上、どうしてそう見なすことができるだろう。わたしが人々とともに部屋にいるとき、わたし自身の頭が作り出したものについて思いをめぐらせることさえできない場合、わたし自身はわたし自身のもとに戻ることはない。その部屋にいるすべての者の同一性がわたしを圧迫しはじめ、わたしはたちまち無となる。大人たちのもとにいるときだけではない。子供たちの部屋にいるときもそうなるのである。(ibid.)

しかし、究極のパラドックスは、この手紙のなかで、この告白のすぐあとにあるのが、沈黙と放棄ではなく、書くことへの絶対的で完璧な誓いだということである。そして、日々新たに自己を破壊しては更新する決意でいることが語られている。あたかも、言葉を発することにともなう恥ずかしい脱主体化は秘密の美を含んでいて、詩人を休みなくみずからの疎外について証言するよう突き動かしてやまないかのようである。

わたしは、わたしの授かった力のおよぶかぎり、詩の頂上に達しようとするつもりだ。〔……〕わたしはかならずや書かなければならないのだ。〔……〕たとえ、わたしの毎夜の労作が翌朝には焼き捨てられることになろうとも。そして、だれの目にも触れることがなくとも。しかし、今も、おそらくわたしは自分自身から語っているのではない。わたしがいま憑依しているなんらかの人物のもとから語っているのである。（p.228f）

3-14　詩的創造の行為が、いやおそらく言葉を発するといういかなる行為も、脱主体化のようなものをともなっているということは、わたしたちの文学的伝統の共有財産である（「ミューズ」というのが、昔から詩人たちがこの脱主体化に与えてきた名前である）。インゲボルク・バッハマン✣は、フランクフルトでの講義のひとつのなかで、こう書いている。

保証のない自我！　じっさい、自我とはなんだろうか。なんでありうるだろうか。位置も軌道もまったくつきとめられたことがなく、中心がなおも未知の物質でできている天体である。それはつぎのようなものかもしれない。すなわち、「自我」なるものを形成している無数の分子である。しかし、それと同時に、自我は、無、純粋形相から成るもの、なにか夢想された

✣　「一九四七年グループ」のメンバーとしてデビューしたオーストリアの女性詩人。一九二六－一九七三。

実体に似たものかもしれない。(Bachmann, p.58)

バッハマンによれば、詩人とは、まさに「自我を実験場に変えた、あるいは自分自身を自我の実験場に変えた」者たちのことである。このため、かれらは「正気を失うという危険をたえまなく冒している」(ibid.)。自分の言っていることがわからなくなるという危険を冒しているのである。

しかし、徹底的に脱主体化されたかたちで言葉を発することの体験という観念は、宗教的伝統とも無縁ではない。じっさい、ポール・ドメニー宛ての手紙〔一八七一年五月十五日付〕のなかでランボーによって綱領として模倣される(「なぜなら、わたしとは他者だからだ。銅が目覚めてみるとラッパになっていたとしても、銅にとがはない」Car je est un autre. Si le cuivre s'eveille clairon, il n'y a rien de sa faute)よりも何世紀も前、パウロがコリント人たちに宛てた第一の手紙のなかに、同種の体験がメシア的共同体の日常的な習慣として記録されている。パウロの手紙のなかで問題にされている「舌がたり(lalein glosse)」は、話し手が自分の言っていることを知らずに話すこと——異言（グロッソラリア）——を指している(「それはだれにもわかりません。異言を話す者は霊によって神秘を口にしているのです」『コリント人への手紙　第一』一四・二)。しかし、そのことが意味するのは、ここでは、言葉の担い手そのものが、外部のもの、「異国人（バルバロス）」のものになってしまうということである。「もしわたしがその言葉の意味を知らないならば、わたしはそれを話す人にとって異国人（バルバロス）であり、それを話す人もわたしにとって異国人（バルバロス）であることになります」(一四・一一)。「バルバロス」という言葉の本来の意味、すなわちロゴス＝言葉をそなえていないもの、本当には理解したり話したりすることのできない異国人という意味にしたがうならである。すなわち、異言は言語活動という現象の絶対的な脱主体化と「異国人化（バルバロス）」というアポリアを体現しているのであって、そこでは、話す主体は他者、幼児、天使、異国人に取って代わられるのであり、それは「空（くう）に向かって」話していて、「実を結ぶことはない」のである。そして、パウロがコリント人の異言の習慣をまったくはねつけることまではしないまでも、その習慣に潜んでいる幼児への退化傾向にかれらの注意を喚起し、自分たちの言っていることを努めて解釈するよう勧めているのは注目に値する。

> ラッパがはっきりした音を出さなければ——ここにランボーは「銅が目覚めてみるとラッパになっていたとしても」というコリント人への擁護の言を接ぎ木することになるのだが——、だれが戦いの準備をするでしょう。それと同じように、あなたがたも舌で明瞭な言葉を語るのでなければ、言っていることをどうしてわかってもらえるでしょう。それは空に向かって話しているのです。〔……〕したがって、異言を語る者は、それを解き明かすことができるように祈りなさい。わたしが異言で祈るなら、わたしの霊が祈るのですが、わたしの知性は実を結ぶことはないのです。〔……〕兄弟たちよ、ものの考え方において子供であってはなりません。（『コリント人への手紙　第一』一四・八－二〇）

3－15　異言の体験は、言葉を発する行為のうちのもっとも単純な行為にもともなう脱主体化の体験を徹底させたものでしかない。現代の言語学によって得られた原理のひとつは、言語(lingua, langue)と現におこなわれている言述行為〔話〕(discorso, discours)とは完全に分裂した二つの世界であって、両者のあいだには移行も交流もないということである。すでにソシュールが指摘していたことによれば、言語のなかには一連の記号(たとえば、「牛、湖、天、赤、悲しい、五、割る、見る」)が用意されているが、言述〔話〕を形成しようとする場合に、どのようなしかたで、またどのような操作によって、これらの記号が働かされるのかを予見させ、理解させてくれるものは、言語自体のうちにはなにもない。「この一連の単語は、それが思い起こさせる諸観念がどれほど豊富にあろうとも、人間の個体がそれを口にして、なにかを伝えようとしているということを、別の個体に教えることはけっしてない」。その数十年後に、バンヴェニストは、ソシュールの二律背反をふたたび取り上げ、敷衍して、こう付け加えた。「記号の世界は閉じている。記号から文へは、連辞化によってであろうと、ほかのやり方によってであろうと、移行はない。ひとつの裂け目が両者を分け隔てている」(Benveniste 2, p.65)。

その一方で、いかなる言語も、個体が言語をわがものとし、働かせることを可能にするための一連の記号(言語学者たちはこれをシフター〔shifter〕、もしくは陳述指示語と呼んでおり、そのなかには、とくに代名詞の「わたし」、「あなた」、「これ」や副詞の「ここ」、「いま」などが含まれる)を持ち合わせている。これらの記号すべてに共通する特徴は、それらはほかの単語とちがって事物に関する用語によって定義できるような辞書的な意味をもっておらず、それらの記号の意味はそれらを含む具体的な言述行為を参照することによってしかつきとめることができないということである。バンヴェニストはこう問いかけている。

> では、わたしやあなたが指している現実はなんであろうか。それはもっぱら「話〔言述行為〕（discours）の現実」なのであって、これはきわめて特異なものである。わたしは「話し方（locution）」にかんする用語によってしか定義されえず、名詞的な記号の場合のように対象にかんする用語によっては定義されえない。わたしは「わたしを含む現におこなわれている話〔言述行為〕（instance de discours）を言表している人」を意味するのである。（Benveniste 1, p.252）

すなわち、言表という行為（enunciazione, énonciation）が指示しているのは、言表されるもののテクストではなくて、それが起こっているという事実なのであり、個体が言語を働かせることができるのは、言うというできごとのなかで言われることがらにではなく、そのできごとそのものに一体化する場合だけなのである。しかし、それでは、「言語をわがものとする」とはなにを意味するのだろうか。こうした条件のもとで、言葉を発することはどうして可能なのだろうか。

言語から話〔言述行為〕への移行は、よく見ると、パラドックス的な行為であり、その行為は主体化と脱主体化をともに含んでいる。一方で、生身の個体は、言表の主体となるためには、現実の個体としての自己を完全に廃棄し、脱主体化しなければならない。そして、話〔言述行為〕が現におこなわれているという事実を単に指示するにとどまらないあらゆる実質とあらゆる内容をまったく欠いた「わたし」という純粋なシフターと一体化しなければならない。ところが、ひとたび言語外のあらゆる現実をぬぎ捨てて、言表行為の主体となると、かれは、自分が到達したのは発語の可能性であるよりも語ることの不可能性であること、あるいはむしろ、自分が統御することも手にすることもできない異言の力によってつねにすでに先取りされていたものであることを発見する。じっさい、言表のための形式的な道具類をわがものとすることによって、かれは定義上話〔言述行為〕に移行することが不可能とされているような言語のなかに導かれていくことになるのであり、それにもかかわらず、「わたし」、「あなた」、「いま」〔……〕と言うことによって、かれはいっさいの指示的現実を奪われ、もっぱら現におこなわれている話〔言述行為〕にたいする純粋で空虚な関係によって定義されるがままになってしまう。言表の主体は、完全に話〔言述行為〕のうちに存在しており、完全に話〔言述行為〕からなるのであるが、まさにこのために、話〔言述行為〕のうちにあって、かれはなにも言うことができず、話すことができないのである。

したがって、「わたしは話す」は、キーツにとっての「わたしは詩人である」と同じくらいに矛盾した陳述である。というのも、わたしは、それに声を貸し与える個体にたいして、つねにすでに他者であるだけでなく、このわたし-他者については、かれが話すと言うことさえも無意味だからである。それというのも――あらゆる意味から独立して、もっぱら言語活動の純粋なできごとのうちに立っているかぎりで――、かれはむしろ話すことの不可能性、なにかを言うことの不可能性のうちにいるからである。話〔言述行為〕の絶対的現在のうちにあっては、主体化と脱主体化はあらゆる点で一致しており、生身の個体も、言表の主体も、完全に沈黙する。話すのは個体ではなく、言語であると言い換えてもよい。ただし、このことが意味するのは、話すことの不可能性が――どのようにしてかわからないながらも――言葉に到来した〔発語された〕ということにほかならない。

したがって、言葉を発する行為に含まれているこの内密の疎外に直面して、詩人たちが責任と恥ずかしさのようなものを感じたとしても不思議はない。こういうわけで、ダンテは、『新生』のなかで、詩人にみずからの詩の原理を「散文で明らかにする」ことができるようになるよう命じ、それができなければ「たいへん恥ずかしいこと」としたのである。また、ランボーが自分の過ごした詩の季節から何年ものちに述懐した言葉も忘れがたい。「わたしは続けることができなかった。続けていたら、狂人になっていただろう。で、それからは……だめだった」。

3－16　二十世紀の詩のうちで、脱主体化についての――詩人が自我の純然たる「実験場」となることについての――、そしてまたその脱主体化の倫理的な意味合いについての、おそらくもっとも印象深い資料は、〔異名で多くの作品を発表した〕ポルトガル詩人フェルナンド・ペソアが異名について論じた手紙だろう。かれが用いた多くの異名の由来についてたずねる友人のアドルフォ・カザイス・モンテイロに一九三五年一月十三日付の手紙で答えて、かれは開口一番、それを「体質的で恒常的な脱人格化〔……〕の傾向」だというように述べている。

わたしの異名の起源にあるのは、わたしの奥深くにあるヒステリーの傾向だ。わたしが単にヒステリーなのか、それとも、もっと正確にはヒステリー性の神経衰弱なのかは、わからない。わたしは後者の仮説に傾いている。というのも、わたしには無気力の現象があるが、本来の意味でのヒステリーにはそのような症状は認められないからだ。それはともかく、わたしの異名の心的起源となっているのは、体質的で恒常的な脱人格化と偽装の傾向だ。わたしにとっても、他人にとってもありがたいことに、これらの現象はわたしの内部に精神化されている。つまり、わたしの外面的な活動や他人との交流のうちにはあらわれない。それらはわたしの内部で爆発するのであり、わたしはそれらをただひとり自分のうちで生きている。〔……〕わたしがそうであるところのもの、あるいはわたしが自分がそうだと思っているところのものとは、なんらかの理由によってまったく異なった、才気煥発な言葉が、生まれてくる。それは、わたしの友人の言葉であるかのように、即座に自然に口をついて出てくる。その友人なるものの名前はわたしが考案したものであるが、その経歴は形となってあらわれ、顔つき、身長、衣服、身ぶりといったその姿をわたしは目の前にまざまざと見るのである。このようにして、さまざまな友人や知人をわたしは作り出し増殖させてきた。かれらは実在したわけではないのに、三十年以上の時に隔てられた今日もなお、わたしはかれらの臭いをかぎ、声を聞き、姿を見る。くり返して言うが、臭いをかぎ、声を聞き、姿を見るのだ。〔……〕そして、かれらにノスタルジーを感じるのだ。(Pessoa, p.226f)

そのあとに、ペソアの用いた異名のなかでももっとも忘れがたいもののひとつであるアルベルト・カエイロが一九一四年三月八日に突如として人格化（personalizzazione）した話が続く。かれはペソアの教師（もっと正確に言えば、ペソアのもうひとつの異名であるアルヴァロ・デ・カンポスの教師）となる。

わたしは、背の高い整理だんすに近づいていって、何枚か紙を取り出すと、不意に書きはじめた。そのようなことが起こるたびに、わたしはいつもそのような書き方をしている。三十篇以上の詩をたてつづけに書いた。なんとも名状しようのない一種の恍惚のなかで。それはわが人生の勝利の日だった。それに匹敵する日はもう二度と来ないだろう。わたしは「羊飼いよ」というタイトルの詩から書きはじめた。そのあとに起こったことはと言えば、わたしのうちにあっての何者かの出現であった。わたしはただちにそれにアルベルト・カエイロという名前を付けた。つじつまの合わない説明で申し訳ないが、わたしの教師がわたしのうちに出現したのだった。これこそが、わたしが即座に抱いた印象だったのだ。そして、三十篇以上の詩を書き終えるやいなや、わたしはすぐにもう一枚の紙を取り出して、同じようにたてつづけにこちらのほうはフェルナンド・ペソアの『斜めの雨』を構成することとなる六篇の詩を書いた。一気に、すべてである。〔……〕それは、フェルナンド・ペソア＝アルベルト・カエイロからフェルナンド・ペソアひとりのもとへの還帰だった。もっと正確に言えば、フェルナンド・ペソアがアルベルト・カエイロとして自分を匿していたことに反作用を起こしたのであった。（p.228）

異名による脱人格化（depersonalizzazione）についてのこの比類のない現象学的観察を分析してみよう。いかなる新しい主体化（アルベルト・カエイロの出現）にも脱主体化（教師に服従することによるフェルナンド・ペソアの人格喪失）がともなっているだけではない。それと同じくらい即座に、いかなる脱主体化にも再主体化がともなっている。フェルナンド・ペソアのもとへの還帰がそれである。フェルナンド・ペソアが、みずからの不在にたいして、すなわちみずからがアルベルト・カエイロのうちに人格を喪失していたことにたいして、反作用を起こすのである。すべてはまるで詩的体験というものがひとつの複合的なプロセスをなしているかのように起こっている。そして、そのプロセスは、少なくとも三つの主体、あるいは——本来の意味での主体についてはもはや語ることができないのであるから——むしろ三つの異なる主体化‐脱主体化を巻きこんでいる。なによりもまず、フェルナンド・ペソアという生身の個体がいる。かれは、一九一四年三月八日に、書きものをしようとして、整理だんすに近づく。この主体にたいして、詩的行為は、徹底的な脱主体化を引き起こすほかない。その脱主体化は、アルベルト・カエイロの主体化と照応する。しかし、新しい詩的意識、すなわち詩の正真正銘のエートス〔固有の圏域〕のようなものが始まるのは、みずからの人格喪失を生きのびて最初の主体であると同時にもはやそれではない自己自身に還帰するフェルナンド・ペソアがアルベルト・カエイロとして自分を匿していたことに反作用を起こさなければならないこと、みずからの脱主体化を引き受けなければならないことを理解したときでしかないのである。

３－17　さて、プリモ・レーヴィにおける証言の現象学的観察、生き残って証言する者と回教徒、えせ証人と「完全な証人」、人間と非－人間のあいだの不可能な弁証法を読みなおすことにしよう。証言は、ここでは、少なくとも二つの主体を巻きこんだプロセスとしてあらわれる。第一の主体は、生き残って証言する者で、かれは話すことはできるが、自分の身にかかわることとしては語るべきものはなにももっていない。第二の主体は「ゴルゴンを見た」者であり、かれは「底に触れた」ために語るべきことをたくさんもっているが、話すことはできない。この二人のうちのどちらが証言しているのだろうか。どちらが証言の主体なのだろうか。

一見したところでは、人間が、生き残った者が、非－人間について、回教徒について証言していると見えるかもしれない。しかし、生き残った者が証言するのは、回教徒のためにである――専門的な意味で「代わりに」あるいは「代理として」である（「わたしたちは、かれらの代わりに、代理として語っているのである」）――とすれば、代理を委託された者の行為は代理を委託する者に帰属するという法律の原理にしたがって、回教徒こそが証言していることになる。しかし、このことが意味するのは、人間のもとで本当に証言している者は非－人間であるということ、すなわち、人間は非－人間の受託者にほかならず、非－人間に声を貸し与える者であるということである。あるいはむしろ、証言の所有主はいないということであり、話すということ、証言するということは、あるものは底まで行って、完全に脱主体化し、声を失ってしまい、あるものは主体化して、語るべきものは――身をもって体験したこととしては――なにもないにもかかわらず話す（「身をもって体験せずに傍らから見たことについての話」）という、めまぐるしい運動に入ることを意味するということである。すなわち、そこでは、言葉をもたない者が話す者に話させているのであり、話す者はその自分の言葉そのもののなかに話すことの不可能性を持ち運んでくるのである。こうして言葉をもたない者と話す者、非-人間と人間は――証言において――、無差別の地帯に入りこむ。そして、その地帯では主体の位置を割り当てることは不可能なのであり、自我という「夢想された実体」、またそれとともに真の証人をつきとめることは不可能なのである。

このことは、証言の主体は脱主体化について証言する者である、というように言うことによって表現することもできる。ただし、「脱主体化について証言する」というのは、本来の意味では証言の主体は存在しないということ（「くり返し言うが、わたしたち〔……〕は本当の証人ではない」）、いかなる証言も主体化の流れと脱主体化の流れが休みなくたどるプロセスもしくは諸力の場であるということをのみ意味しうるということを忘れないでおくならばである。

こうして、アウシュヴィッツについての見解を二分している対立する二つのテーゼがどんなに不十分であるかがわかる。ヒューマニズム的な論法による見解では、「あらゆる人間は人間的である」と主張される。反ヒューマニズム的な論法による見解では、「一部の人間だけが人間的である」と唱えられる。証言が語っているのは、これらとはまったく異なることである。それは以下のテーゼに定式化することができるだろう。「人間は、人間的ではないかぎりで、人間である」。あるいは、もっと正確に言えば、「人間は、非-人間について証言するかぎりで、人間である」。

３－18　奇妙な生物のことを考えてみよう。幼児のことである。かれが「わたし」と言い、話すようになるとき、かれのうちで、そしてかれにとって、なにが起こるのだろうか。「わたし」、すなわちかれが到達する主体性は、すでに見たように、純粋に言述行為〔話〕的なものであり、それは概念も現実の個体も指示してはいない。生の多様な総体を超越する統一性として、わたしたちが意識と呼んでいるものの永続性を保証するこの「わたし」は、もっぱら言語的な特性が存在のうちにあらわれるということにほかならない。バンヴェニストが書いているように、「話し手が自分を主体〔主辞〕として言表するのは、わたしがそれの話し手を指している現におこなわれている話〔言述行為〕においてである。それゆえ、主体性の根拠が言語の行使にあるというのは、文字どおり真実なのである」（Benveniste 1, p.262）。言語学者たちは、主体性を言語活動のうちに据えることが言語の構造におよぼす影響については分析してきた。しかし、その主体性が生物としての個体におよぼす影響については、まだ大部分が分析されていない。わたしとしての、言述行為〔話〕における話し手としての、自己自身のもとへのこの前代未聞の現前のおかげでこそ、もろもろの生ともろもろの行為が帰属する統一的中心のようなもの、もろもろの感覚ともろもろの心理状態のうずまく大洋の外にあって、それらの感覚と心理状態があたかも所有主に帰属するかのようにして統合的に帰属する不動の一点のようなものが、生物学的な生を生きている存在（il vivente）のうちに生まれるのである。そして、バンヴェニストが明らかにしたところでは、言表の行為が可能にする自己と世界への現前をとおしてこそ、人間の時間性が生まれるのであり、一般に、人間は、言述行為〔話〕を世界のうちに挿入することをとおして言表の行為を実行することによってしか、すなわち、「わたし」、「いま」と言うことによってしか、〈いま〉を生きるすべをもっていないのである。しかし、まさにこのために、まさに言述行為〔話〕という現実しかないために、〈いま〉は——現在の一瞬をつかもうとするあらゆる試みから明らかなように——還元不可能な否定性によってしか告げられない。まさに意識は言語活動という内実しかもっていないために、哲学と心理学が意識のうちに発見したと思いこんできたもののすべては、言語の影でしかなく、「夢想された実体」でしかない。わたしたちの文化がもっとも堅固な土台だと思いこんできた主体性、意識は、世界にあるもののうちでもっとも脆くてはかないもの、すなわち発語というできごとに依拠しているのである。しかし、この移ろいやすい土台は、自己と他者たちにひとたび言葉が与えられさえすれば、どれほどうわついたおしゃべりによってであろうと、わたしたちが話そうとして言語を働かせるたびに再建される。そして、その行為が終了するとともにまたもや崩れ去ってしまうのである。

まだある。言表の行為において、「わたし」と言うことにおいて、自己自身のもとへとみずからを絶対的に現前させた生物学的な生を生きている存在は、自分の生きたもろもろのことがらを底なしの過去へと追いやり、それらのことがらと直接的に一致することはもはやできない。純粋な現在における言述行為〔話〕は、自分が感じたり生きたりしたもろもろのことがらを帰属の統一的中心に結びつけるまさにそのときに、自己自身のもとへのそれらの現前を引き裂き、もう元に戻すことはできない。言表する声の内密の意識において実現される特別な現前を享受してしまった者は、リルケが動物のまなざしのうちに発見した**開けひろげられたもの**への損なわれることのない密着を永遠に失い、いまや眼を内面へと転じて、言語活動の非‐場所に向ける。このため、言述行為〔話〕のなかにあっての主体化、意識の発生は、しばしば心傷となってあらわれるのであり、これを人間はなんとかして癒そうとするのである。このため、意識という脆い書物は、それの根本にある差異、あらゆる主体化の根本にある脱主体化を明るみに出しながら、休みなく剝がれては消えていくのである。（ほかでもないフッサールにおける「わたし」という代名詞の意味についての分析をもとに、デリダが、果てしない延期の観念、自己自身のもとへの意識の純粋な現前のうちに刻みこまれた原初的な差異――エクリチュール――の観念を得ることができたのは、なんら驚くべきことではない。）

それゆえ、意識のようなもの（syneidesis〔意識〕、synnoia〔省察〕）がギリシアの悲劇作家たちや同時代の詩人たちのもとに登場するとき、それが、言語活動のうちに非‐認識の領域が刻みこまれること、知識のうちに沈黙が刻みこまれることとしてあらわれたとしても不思議はない。それは初めから論理でなく倫理の意味合いをもっているのである。こういうわけで、ソロンの『エウノミア』では、正義の女神（ディケー）は沈黙しながら知識に寄り添う（sigosa synoide〔沈黙のうちに知っている〕）者の姿をしているのであり、悲劇作家たちにおいては、意識は定義からして話すことができない存在である生命のない事物にも帰されうるのである。『エレクトラ』における眠らない寝台、『フィロクテテス』における岩窟がそうである（Agamben, p.113f 参照）。すなわち、主体がはじめて意識の形のもとで姿をあらわすとき、それは知ることと言うことの分離を――知る者においては、苦悩に満ちた、言うことの不可能性の体験として、話す者においては、同じくらい苦悩に満ちた、知ることの不可能性の体験として——告げながら生じるのである。

3-19　一九二八年に〔スイスの精神医学者〕ルートヴィヒ・ビンスワンガーは『生の機能と生の内的歴史』という意味深長なタイトルの研究を公刊した。そこにおいて、当時はまだ不確かなものであった現象学の語彙が精神医学の用語に接ぎ木されることによってなんとか道を切り開いてあらわれているのは、生物組織のうちで働く生の機能——身体的なものも心的なものも含めて——の次元と個体の生きたもろもろのことがらがある単一の内的歴史のうちで組織される人格的意識の次元とは根本的に異質であるという観念である。こうして、ビンスワンガーは、心的なものと身体的なものの古い区別を、かれにとってははるかに重要なものとおもわれた「心身の生物組織の機能的な相と生の内的歴史」の区別に取り替える。この区別のおかげで、かれは、「心的な機能の概念と心的な体験の精神的内容とのあいだに生じている、心的という用語につきまとう、いまや科学として受け入れがたいものとなっている」(Binswanger, p.46) 混乱を免れることができるのであった。

これに続くある論考〔「夢と実存」〕(この論考についてはのちにミシェル・フーコーがコメントを書くことになった)で、この二元性は、ビンスワンガーによって、夢と覚醒の二元性になぞらえられる。かれはこう書いている。

人間は、夢を見ているかぎりは〔……〕「生の機能」であり、目覚めているときに、「生の歴史」を作る。〔……〕生の機能と生の内的歴史という断絶した両端をひとつの共通の名称のもとに還元することは、この試みを何度やっても不可能である。というのも、機能としての生は、歴史としての生とは異なったものだからである。（p.96）

ビンスワンガーは、この二元性を確認するにとどまっており、この二つの観点をともに念頭に置くよう精神医学者に勧めるにとどまっている。しかし、かれが指摘しているアポリアははるかに根本的なものであり、意識のために単一の土地を見つけてやることができるかどうかも疑問視されるほどである。一方で、生の諸機能の連続的な流れについて考えてみていただきたい。呼吸、血液の循環、消化、恒温性——しかしまた、感覚、筋肉運動、刺激、等々。他方で、言葉の連続的な流れと意識する自我の連続的な流れについて考えてみていただきたい。こちらのほうでは、生きられたもろもろのことがらが個体のひとつの歴史として組織化される。この二つの流れがひとつに結合して、生の機能の「夢」が人格的意識の「覚醒」につなぎあわされる一点はあるのだろうか。生物学的な流れのなかに主体を導き入れることは、どこで、またどのようにすれば可能なのだろうか。話し手が「わたし」と言うことによって主体性として生まれる瞬間に、ひょっとして二つの系列が一致するようなことが起こって、そのため、話す主体が生物学的な機能を本当に自分のものとして引き受けることができるようになり、生物学的な生を生きている存在が話し思考する自我と一体化することができるようになるのだろうか。身体的プロセスの周期的な働きのうちにも、意識の意図的な行為の系列のうちにも、このような一致を可能にするものはなにもないように見える。むしろ「わたし」とは、まさに、生の機能と内的歴史のあいだ、生物学的な生を生きている存在が言葉を話す存在になることと言葉を話す存在がみずからを生物学的な生を生きている存在と感じることのあいだにある還元不可能な差異のことである。たしかに、二つの系列は、寄り添うように流れており、いわば絶対的な内密性のもとに流れている。しかし、内密性とは、まさに、隔たってもいる近さにたいして、けっして同一性にいたることのない混交にたいして、わたしたちが与える名ではないのか。

3-20　日本の精神医学者で京都の精神病院の院長、そしてビンスワンガーの翻訳者である木村敏は、精神病の基本的タイプを分類するために、『存在と時間』におけるハイデガーの時間性の分析を発展させようとした。この目的のために、かれはポスト・フェストゥム〔文字どおりには「祭のあと」〕というラテン語の語句を利用する。それは、とりかえしのつかない過去、なされてしまったことがらにつねにすでに達してしまっていることを指しており、これにたいして、かれは、アンテ・フェストゥム〔祭のまえ〕とイントラ・フェストゥム〔祭のさなか〕をシンメトリックに対置する。

ポスト・フェストゥムの時間性は鬱病者の時間性であり、つねに鬱病者は、「すでにあったわたし」という形、完了してしまって取り返しのつかない過去という形のもとで、みずからの自我を生きている。この過去にたいして、鬱病者は負債を抱えることしかできない。ハイデガーにおいては、この時間経験に、現存在（ダーザイン）が投げ出されていること、事実的状況のうちにつねにすでに見捨てられていて、その状況を越えてあと戻りすることはけっしてできないということが対応している。いいかえれば、人間の現存在の根本には一種の「メランコリー」があるのである。現存在は、つねに自己自身よりも遅れており、つねにすでに自分の「祭」を取り逃がしているのだ。

アンテ・フェストゥムの時間性は分裂病者の経験に対応している。鬱病者に固有のものである、過去に向かう時間の向きが、分裂病者の経験においては、方向を逆にしている。分裂病者にとって、自我はけっして確かな所有物ではなく、たえず獲得しなおさなければならないものであるので、かれはみずからの時間を先駆という形で生きる。木村敏はこう書いている。

> 分裂病において問題となる自己は、「すでにあった」自己、「責務」にしばられている自己ではない。すなわち、「かつてあった自己」、「ならなければならない自己」の形で述べられるようなポスト・フェストゥム的自己ではない。〔……〕むしろここで肝心なのは、自己自身でありうるかどうかの問題、自己自身になりうるかどうかの保証の問題である。いいかえれば、非自己へと他有化されうる危険性の問題である。(Kimura, p.79)

『存在と時間』で、分裂病者の時間性に相当するのは、企投と先駆の形のもとにある未来の優位である。現存在は、まさにそれの時間経験が本源的に未来をもとにして時間化するがゆえに、ハイデガーによって、「自分の存在において、その存在そのものが問題であるような存在者」として定義されることができる。それゆえ、それは、「自分の存在において、つねにすでに自己自身に先立っている」。しかし、まさにこのために、現存在は根本的に分裂病的であり、つねに自己を失う危険、自分の「祭」に現前しない危険がある。

イントラ・フェストゥムの時間的次元は、鬱病者が自己を喪失してとりかえしがつかないことと、分裂病者が先立つことによって自分の祭に居合わせないことのあいだにあって、人間がつい に自己自身のもとに完全に現前し、自分の祭の日(dies festus)を見いだす地点に対応していると、人は期待するかもしれない。しかし、そうではない。木村敏がイントラ・フェストゥムという時間性についてあげている二つの例は、まったく祝祭的ではない。強迫神経症である第一の例では、現在への密着は、いわばみずからが自己自身であるというあかし、自己がつねにすでに失われているのではないというあかしを手に入れようとして、同じ行為を強迫的に反復するという形をとる。いいかえれば、強迫的なタイプは、明らかに自分のもとから逃げ去っていく祭に自分が現前しているというあかしを反復をとおして確保しようとする。イントラ・フェストゥムの時間性の根本的な特徴となっている、自己自身に居合わせないことは、木村敏のあげる第二の例で、ますます明らかとなる。それは癲癇であり、かれはそれを狂気の「原風景」と見なす。すなわち、忘我にいたるほどのいわば現前の過剰によって起こる特殊な形態の失神と見なす。木村敏によれば、癲癇についての決定的に重要な問いは、「なぜ癲癇は意識を失うのか」である。かれの答えは、祭の絶頂の瞬間に自我が自己自身に密着しようとするまさにそのときになって癲癇の危機が訪れるのは、意識が現前に耐えられず、自分の祭に参入できないからだ、というものである。かれがここにいたって引用するドストエフスキーの〔『悪霊』のキリーロフの〕言葉には、こうある。

ある数秒間がある。それは五、六秒しか続かないが、そのとき忽然として、完全に獲得された永遠の調和の現前を感じる。これは地上のものではない。といって、天上のものというわけでもないのだが、ただ、地上的なままでいる人間は、とうていそれに耐えることができない。生理的に変化してしまうか、あるいは死んでしまうしかない。(p.151)

木村敏は、『存在と時間』のうちで癲癇的な時間性に対応するものを挙げていない。しかしながら、それは決意の瞬間であると想定することができる。その瞬間において、先駆と既在、分裂病的な時間性と鬱病的な時間性が一致し、自我は、とりかえしのつかない自分の過去を本来的に引き受けることによって、自己自身のもとに到来する(「究極のもっとも固有な可能性へと先駆することは、みずからの既在のもとへ還帰することである」〔ハイデガー『存在と時間』第六五節〕)。沈黙のうちの、不安に満ちた決意は、みずからの終末を先取りし、引き受けるのだから、現存在の癲癇的なアウラのようなものだろう。そのアウラにおいて、現存在は、「生の横溢であるとともに源泉でもある過剰としての死の世界に触れる」(p.152)のである。いずれにしても、肝心なのは、この日本の精神医学者にとって、人間は不可避的に自己自身とその祭の日からの隔たりのうちに住んでいるように見えるということである。生物学的な生を生きている存在は、言葉を話す存在になったがゆえに、「わたし」と言ったがゆえに、いまや根本的に分割されており、時間はこの分離の形式にほかならないと言わんばかりである。その分離は、癲癇の発作、ないしは本来的な決意の瞬間においてのみ埋められるのであり、本来的な決意は、時間という脱自的、地平的な建造物を支え、現存在（Dasein）の現（Da）のもとへと、その建造物が粉々に崩壊するのをさまたげる、隠れた土台のようなものである。

　この観点からすれば、アウシュヴィッツは、本来的な時間性の修復不可能な危機、乖離を「決意する（decidere〔分断する〕）」可能性そのものの修復不可能な危機を告げている。収容所という絶対的な状況は、根源的な時間性のあらゆる可能性の終焉である。いいかえれば、空間における単独の状況、すなわち現の時間的な土台の終焉である。そこでは、過去がとりかえしのつかないことは、絶対的な切迫の形をとっており、ポスト・フェストゥムとアンテ・フェストゥム、継承と先駆は、滑稽にも、ぺしゃんこにつぶれてひとつになる。覚醒は、いまや永遠に夢の内部に吸いこまれたままである。「すぐにまた耳にするだろう。／外国語の号令を。／フスターヴァチ！」。

3－21　恥ずかしさがあらゆる主体性とあらゆる意識の隠れた構造のようなものであるのはどのような意味においてであるのかが、いまや明らかとなる。もっぱら言表の行為を本質とするかぎりで、意識は、構造的に、引き受けられないものへと引き渡されているという形をとっている。意識するということは、無意識にゆだねられていることを意味するのである。（ハイデガーにおける意識の構造としての罪も、フロイトにおける無意識の必然性も、ここに由来する。）

　zōon logon echon、すなわち言語活動を有する生物という、人間についての古い哲学の定義について考えてみよう。形而上学の伝統は、この定義のうち、生物（zōon）についても言語活動（logos）

についても問うてきた。しかし、この定義のうちで考察されないままとなっているのは、有する（echon）であり、この所有の様態である。どのようにして生物は言語活動を有することができるのだろうか。生物にとって、言葉を話すということはなにを意味しうるのだろうか。

これまでの分析で、言葉を話すということがいかにパラドックス的な行為であるのかが十分に明らかとなった。その行為には主体化とともに脱主体化がともなっている。そして、そこでは、生物学的な生を生きている個体は言語を完全に失うことによってのみ言語をわがものとし、沈黙のうちへと底ぬけに沈んでいく場合にのみ言葉を話す存在となる。いいかえれば、自我の存在様式、生物学的な生を生きている存在‐言葉を話す存在の実存的なありようは、いわば存在論的な異言、絶対的に実体を欠いたおしゃべりであり、そこでは、生物学的な生を生きている存在と言葉を話す存在、主体化と脱主体化は、けっして一致することができない。このため、形而上学と西洋の言語論はいつも、それが別々の二つのものであるにもかかわらず、生物学的な生を生きている存在と言葉を話す存在のあいだに結合のようなものを探し、交流しないように見えたもののあいだに交流を確保することのできるちょうつがいを作りあげようとし、主体の「夢想された実体」――主体のとらえがたい異言――に内実を与えようとしてきたのである。

ここは、この結合が、いかにして一般に**自我**の方面、あるいは**声**の方面において探索されてきたかを明らかにする場所ではない。その**声**は、ある場合には、内的な言述行為のなかで自己自身のもとに現前する意識の沈黙の声であり、またある場合には、言語がしっかりと生物学的な生を生きている存在に結びつけられ、生物学的な生を生きている存在の声そのものに刻みこまれた、音節明瞭な声（voce articolata〔結合された声〕）――phonē énarthros――である。しかし、そのような**声**はつねにつまるところは神話素もしくは神学的通念であって、わたしたちは、いずれの場合も――生物学的な生を生きている存在のうちにも言語活動のうちにも――、結合のようなことがじっさいに起こる地点に達することはできない。言語活動が生物学的な生を生きている存在の声のうちに刻みこまれた瞬間とか、生物学的な生を生きている存在がロゴス化され、言葉となることのできた場所といったようなものは――神学の外部には、**言葉**の肉化の外部には――存在しないのである。

結合のこの非-場所にこそ、脱構築は、みずからの「痕跡」と、声と文字、現前と意味作用が果てしなくずれていく「差延（différance）」とを刻みこんできたのであった。カントにおいて時間の自己触発を表象する唯一可能な方法であった直線は、いまやエクリチュールの運動となる。そして、エクリチュールのもとでは、「「まなざし」は「留まる」ことができない」〔『声と現象』〕（Derrida, p.117）。しかし、生物学的な生を生きている存在と言語活動、声と言葉、非-人間と人間をひとつに結合することのこの不可能性は――意味作用の果てしない延期を権威づけるどころか――、証言を可能にするものにほかならない。生物学的な生を生きている存在と言語活動のあいだに結合がないのであれば、自我がこの隔たりのうちに宙づりになっているのであれば、そのときには証言は存在することができる。わたしたちの自己自身との非-一致をあらわにする内密性こそが、証言の場所である。証言は、結合の非-場所において生起する（ha luogo〔場所をもつ〕）。**声**の非-場所には、エクリチュールではなくて、証言があるのである。そして、まさしく生物学的な生を生きている存在と言葉を話す存在のあいだの関係（あるいはむしろ無関係）が恥ずかしさという形、引き受けられえないものへと相互に引き渡されているという形をとっているために、この隔たりのエートス〔固有の圏域〕は、証言以外では――主体にゆだねられえないもの、しかもなお主体の唯一の住居、唯一可能な内実をなしているもの以外では――ありえないのである。

３―22　「平方の偽名」あるいは「同一偽名」と呼ばれる特殊な異名の形態について、ジョルジョ・マンガネッリ✣が書いている。それは、自分の名前と寸分もたがわない偽名を使うことである。ある日、かれは、自分が本を出版したことを友人から知らされる。しかし、その本のことをかれはなにも知らない。以前にも何度か、「誠実な人たち」が、かれの姓名を冠した本がまっとうな本屋のショーケースに飾られているのを見たと、かれに告げたことがあった。この偽名の二乗は、異名の存在論的なパラドックスを極限にまで推し進める。というのも、ここでは、わたしが他人に取って代わられるだけでなく、この他人が、他人ではない、わたしと同一であると言い張っているからである。わたしとしては、否定するほかないことである。

> きまじめな誹謗家、歴史詮索好き、戸籍探求家が「わたしのもの」だと断定した本をわたし

✣　イタリアの前衛文学運動「一九六三年グループ」に属していた作家。一九二二―一九九〇。

は買って、一部を読んでみた。しかし、もしわたしがそれを書いたのなら、もし本を、あの本を書くことのできる「わたし」が実在したのなら、あの書きものによってわたしを分割した、絶対的で、厄介な異質性については、どう説明すればよいのだろうか。(Manganelli, p.13)

単純な自我にとって、同一偽名は絶対的に異質であり、しかも完全に内密のものである。無条件に実在的であり、しかも必然的に不在である。したがって、いかなる言語もその同一偽名を記述することができず、いかなるテクストもそれの内実を保証することができない。

それゆえ、わたしはなにも書かなかったのである。もっとも、その「わたし」とは、名前をもってはいても、偽名を欠いたもののことだった。では、偽名が書いたのだろうか。おそらくそうだろう。ただし、偽名は偽書する。そして、技術的に言って、わたしによっては読まれえず、せいぜいのところ、平方の偽名としてのわたしによって読まれうるにすぎない。そのわたしは、明らかに実在しない。しかし、読者が不在であるとしてその不在の読者がなにを読むことができるのかはわかる。零度の偽名が書くことのできるもの、平方の偽名、不在の者以外のだれも読むことのできないものである。じっさい、書かれるものは無である。その本はなにも意味していない。ともかく、わたしは、存在することを放棄しないかぎり、それを読むことはできない。おそらくすべては冗談なのだろう。というのも、あとで明らかにするように、わたしはもう何年も前に死んでいるからである。あたかも、わたしの出会った友人のようにである。わたしがページをめくる本はいつも理解不可能であり、わたしはそれを読み、読みなおし、失う。おそらく、何度も死ななければならないのだろう。(p.14)

このおそろしく真剣な冗談によって、偽名の二乗があらわにするのは、話す者(あるいは書く者)としての生物学的な生を生きている存在の存在論的なパラドックス、「わたし」と言うことのできる生物学的な生を生きている存在の存在論的なパラドックスにほかならない。名前はもっていても偽名を欠いている単純な自我としては、かれはなにも書くことができず、なにも言うことができない。しかし、あらゆる固有名は、生物学的な生を生きている存在の名であるかぎり、非-言語的なものの名であるかぎり、つねに偽名(零度の偽名)である。偽名としてのわたしであるかぎりで、わたしは「わたし」と書くことができ、「わたし」と言うことができる。しかし、そうであるなら、わたしが書き、言うものは、無である。すなわち、平方の偽名によってのみ読まれうるもの、あるいは聞き取られうるものである。平方の偽名は、それ自体としては存在しない。最初のわたしが存在するのを放棄して(すなわち死んで)、平方の偽名がそれに取って代わるまでは。そうするにいたって、偽名の二乗が果たされる。すなわち、名前はもっていても偽名をもっていないわたしが、不在の同一偽名のうちへと姿を消すのである。

しかし、このとき浮かび上がる疑問はつぎのようなものである。マンガネッリの話を話しているのはだれなのか。その話の作者はだれなのか。この内密な異質性の落ち着きのなさを証言しているのはだれなのか。それは、実在はしていても、書くことのできない、偽名を欠いたわたしなのか。それとも、最初のわたしが読むことのできないテクストを書く、零度の偽名なのか。あるいはむしろ、第三者なのか。すなわち、無にして理解不可能な本を読み、読みなおし、失う、平方の偽名なのか。「わたしはもう何年も前に死んでいる」のが明らかであるなら、生き残って、そう話しているのはだれなのか。あたかも、もろもろの異名の主体化のめまぐるしいプロセスのなかで、なにかがいつもそのプロセスを生き長らえているかのようである。あたかも、さらに向こうにいるもうひとりのわたし、もしくは残余のもうひとりのわたしが、「わたし」と言うたびに生まれるかのようである。したがって、偽名の二乗は、本当の意味では、けっして果たされるわけではない。それは、最初のわたしと区別できないが、それと一致してもいない新しいわたしのもとへと絶えず逆戻りすることなのである。

3－23　「生き残る」という言葉には、除去不可能な両義性がある。その言葉は、それがなんらかの事物あるいは人物よりも長く生き残るということを含意している。ラテン語の supervivo は、それと同義の superstes sum と同様に、この意味において、与格と組み合わされて構成されており、生き残りが「何に比べて」なのかを指し示している。しかし、人間にかんしては、この動詞は、最初から再帰の形態を受け入れている。すなわち、自分自身よりも、自分の命よりも長生きするという奇妙な観念を受け入れていて、生き残る者とその生き残る者があるものよりも長く生き残るところの当のあるものとが一致するのである。こういうわけで、プリニウスは、ある公的な人物について、「自分の栄光よりも三十年長く生き残った（triginta annis gloriae suae supervixit）」と語ることができたのであり、アプレイウスには、まさに死後の生存の観念、自分自身よりも長生きする生命の観念（etiam mihi ipse supervivens et postumus〔それ自体はわたしよりも長生きし、死後に残る〕）がすでに明白に表明されているのをわたしたちは見いだすのである。同様に、キリスト教の著作家たちは、キリスト――そしてかれとともにあらゆるキリスト者――は、死後も生き続けた以上、遺言人であると同時に相続人である（Christus idem testator et haeres, qui morti propriæ supervivit〔自分の死よりも長生きするキリストは、遺言人であると同時に相続人である〕）と言うことができるだけでなく、罪人は、じつは霊的には死んでいるがゆえに、地上で自分自身よりも長生きしているのだ（animam tuam misera perdidisti, spiritualiter mortua supervivere hic tibi〔あわれな女よ、おまえは自分の魂を破滅させ、霊的には死んでいるので、地上でおまえよりも長生きするがよい〕）とも言うことができるのである。

このことが意味しているのは、人間においては、生命に中断がそなわっており、その中断のせいで、生きることはみな生き残ることに変わることができ、生き残ることはみな生きることに変わることができるということである。生き残ることは、そのひとつの意味においては――これはベッテルハイムのうちに見られたものであるが――、もっと真実で人間らしい生よりも長生きして、剝き出しの生をただ単純に継続することを指している。が、もうひとつの意味においては、生き残ることは肯定的な意味をもっており、――デ・プレにおいてそうであったように――死と闘って、非人間的な状況を生き抜いた者について言われる。

さて、ここで、*人間は人間のあとも生き残ることのできる者である*という、アウシュヴィッツの教訓を要約するテーゼについて考えてみよう。第一の意味においては、それは回教徒（あるいはグレイ・ゾーン）のことを指しており、人間よりも長く生き残る非人間的な能力を意味している。第二の意味においては、それは生き残り証人のことを指しており、回教徒よりも、非－人間よりも長く生き残るという、人間の能力を指している。しかし、よく見ると、この二つの意味は一点に収斂している。そして、その一点は、いわばそれらの内奥にある意味の核心をなしており、その核心において、この二つの意味は一瞬のあいだ一致するように見える。その一点にいるのが回教徒であり、そこにおいて、このテーゼの第三の意味、もっとも本当の意味であると同時にもっとも両義的な意味が解き放たれる。それは、レーヴィが「かれら、「回教徒」、沈んでしまった者たちこそが、完全な証人である」と書くことによって明らかにした意味である。すなわち、*人間とは非－人間であり、人間性が完全に破壊された者こそは真に人間的である*ということである。

ここでパラドックスとなっているのは、人間的なものについて真に証言するのが人間性が破壊された者だけであるとするなら、このことが意味するのは人間と非－人間の同一性はけっして完全ではないということ、人間的なものを完全に破壊するのは不可能であるということ、つねにまだなにかが*残っている*ということである。証人とは*その残りのもののこと*なのである。

3－24　かつてモーリス・ブランショは〔『終わりなき対話』のなかで〕アンテルムの著作を論じて、

「人間とは破壊されえないものであるが、そのことが意味するのは人間の破壊には限界がないということである」(Blanchot, p.200) と書いたことがある。この場合、破壊されえないものは、果てしない破壊にどこまでも抵抗するもの——人間の本質、もしくは人間のきずな——を意味してはいない。ブランショは果てしない破壊のなかに「原初的な人間のきずな」が他人とのきずなとしてあらわれるのを見てとっているが、これは自分の言葉を誤解しているのである。破壊されえないものは、本質としてもきずなとしても存在しない。右の文句は、もっと複雑であると同時にもっと単純でもある別の意味に読みとられなければならない。「人間とは破壊されえないものであるが、そのことが意味するのは人間の破壊には限界がないということである」は、「人間は人間よりも長く生き残ることのできる者である」と同様に、定義ではない。定義とは、よい論理的な定義がすべてそうであるように、種差を与えることによって、人間の本質を定めるものである。人間が人間よりも長く生き残ることができ、人間の破壊のあとも残っているものであるのは、まだ破壊されていない人間の本質、あるいはまだ救出されていない人間の本質がどこかにあるからではない。人間的なものの場所が分裂しているからである。人間が生起する (ha luogo〔場所をもつ〕) のは、生物学的な生を生きている存在と言葉を話す存在、非-人間と人間のあいだの断絶においてであるからである。すなわち、人間は人間の非-場所において、生物学的な生を生きている存在と言葉（ロゴス）のあいだの不在の結合において生起する (ha luogo〔場所をもつ〕) のである。人間とは自己自身に居合わせない存在のことであって、この自己喪失と、それが端緒を開くさまよいのうちに存在している。グレーテ・ザールスが「人間は、耐えられることはすべて耐えなければならないなどということはけっしてないだろうし、このように力のかぎり耐え抜いて人間的なものをすっかり失ってしまうのを見るなどという必要もけっしてないだろうに」と書いたとき、彼女はつぎのことも言いたかったのである。すなわち、人間の本質なるものは存在しないということ、人間とは潜勢力の存在（un essere di potenza）であるということ、人間の無限の破壊可能性をつかみ取って、人間の本質をとらえたとおもうやいなや、そこで目にするものはといえば「人間的なものをすっかり」失ってしまっているということである。

いいかえれば、人間は、つねに人間的なもののこちら側か向こう側のどちらかにいる。人間とは中心にある閾であり、その閾を人間的なものの流れと非人間的なものの流れ、主体化の流れと脱主体化の流れ、生物学的な生を生きている存在が言葉を話す存在になる流れと言葉（ロゴス）が生物学的な生を生きている存在になる流れがたえず通過する。これらの流れは、外延を同じくするが、一致することはない。そして、両者の不一致、両者を分割するこのうえなく細い分水嶺こそが、証言の場所にほかならないのである。

第4章　アルシーヴと証言

4－1　一九六九年のある晩、パリで、コレージュ・ド・フランスの言語学教授であるエミール・バンヴェニストは、路上で急病に襲われた。自身を証明するものをもっていなかったため、身元がわからなかった。身元がわかったときには、すでに全面的にして不治の失語症にかかっており、一九七六年に他界するまで、もはやまったく仕事をすることはできなかった。同六九年、ハーグの雑誌『セミオティカ』に「言語の記号学」という論文が掲載された。その末尾で、バンヴェニストはソシュール言語学を越えていく探求の計画を素描している。その計画は永遠に放置されたままになってしまわざるをえなくなったが、それの根底にあの言表（énonciation）の理論があったとしても不思議ではない。言表の理論は、おそらくバンヴェニストのもっとも天才的な創造物なのである。ソシュール言語学の乗り越えは二つの道にそっておこなわれるだろうとバンヴェニストは主張する。第一の道は完全に了解可能なもので、記号の範列（パラディグム）をもとにした意味作用（signification）の理論とは区別された言述行為〔話（わ）〕（discours）の意味論の道である。これにたいして、第二の道は――ここでわたしたちに関心があるのはこちらのほうなのであるが――「言表の意味論のうえに築かれるメタ意味論の完成をとおしての、テクストおよび作品についての超言語学的な分析」(Benveniste 2, p.65)にある。

この定式のうちに潜むアポリアについていくらか論じておいたほうがよいだろう。すでに見たように、バンヴェニストのいう言表とは、言表されるもののテクストを指し示しているのではなく、言表という行為が生起しているという事実を指し示しているのだとすれば、すなわち、言表とは現におこなわれている言述行為〔話〕(instance du discours en acte)への言語活動の純粋な自己言及にほかならないとすれば、言表の「意味論」について語ることは、どのような意味で可能なのだろうか。たしかに、言表の領野を切り離すことによってはじめて、言表されるもののうちで、そこで語られている内容をそれの生起から区別することができる。しかしまさにこのために、言表とは言語活動のうちにあっての非意味論的な次元をつきとめることを意味していることになるのではないだろうか。「わたし」、「あなた」、「いま」、「ここ」といったシフター〔陳述指示語〕の意味のようなものを定義することはたしかに可能であるが(たとえば、「わたし」は、「わたし」という語を含む現におこなわれている言述行為を言表する者を意味する、というように)、その意味は言語活動のほかの記号になら通用する辞書的な意味とはまったく別のものである。わたしは観念でも実体でもない。言述行為において言表がかかわるのは、そこで語られることがらではなく、それが語られているという純粋な事実である。言語活動のできごとそのものである。そして、それは定義からして一瞬のうちに消え去っていくものなのだ。哲学者たちにとっての存在と同じように、言表は絶対的に単独的で反復不可能な現におこなわれている言述行為を指し示すのであるから、このうえなく独異で具体的なものであり、しかもなお、それの辞書的なありようを固定することがまったくできないまま、そのつど反復されるのであるから、このうえなく空虚で漠然としたものである。

このように見てみれば、言表の意味論にもとづいたメタ意味論とは、いったいなにを意味しうるのであろうか。バンヴェニストは、失語症のうちへと沈みこんでいくまえに、なにを垣間見たのだろうか。

4－2　同じ一九六九年に、ミシェル・フーコーは『知の考古学』を公刊した。言表されるもの（énoncé）の理論を創設することによって、みずからの探求の方法と計画を定式化しようとしたものである。バンヴェニストの名はこの本には登場しない。また、フーコーはこの本を執筆する過程ではバンヴェニストの最晩年の諸論文を参照することはできなかった。にもかかわらず、秘密の糸によって、フーコーの計画はバンヴェニストが最晩年に素描した計画とつながっている。文や命題ではなく、まさに言表されるものを明確に対象としたこと、言説（ディスクール）〔言述行為〕（discours）のテクストではなくそれの生起の事実そのものを明確に対象としたことが、『知の考古学』の比類のない新しさをなしている。すなわち、フーコーはバンヴェニストの言表の理論が思考にたいして前代未聞の次元を開示したことを理解するとともに、ひいてはその次元を新しい探求の対象とした最初の者であったのだ。かれは、この対象がある意味で定義不可能であること、この考古学がもろもろの学問的な知が切り取った領域に匹敵するような領域をけっして言語活動のなかに囲いこむものではないことをよく承知していた。言表がテクストを指し示しているのではなく、言語活動の純粋なできごとを指し示しているかぎりで（ストア派の用語を使うなら、語られたことを指し示しているのではなく、語られないままに残っている語りうるものを指し示しているかぎりで）、言表の領分は言語分析の明確に規定された次元（文、命題、発話内行為など）とも、諸科学が線を引いた専門諸領域ともけっして一致しうるものではなくて、むしろそれらの領域のおのおののうちに垂直に切りこむことのできるようなひとつの機能なのである。フーコーがかれの方法の存在論的な意味合いについてはっきりと自覚しながら、つぎのように書いているようにである。「言表されるものは構造ではない。〔……〕それは存在の機能（une fonction d'existence）である」（Foucault 2, p.115）。いいかえれば、言表されるものは一定の事物的属性をそなえたものではなく、純粋な存在事実、なんらかの存在者——言語活動——が生起するという事実である。さまざまな学問の体系と多様な知が、意味をそなえたもろもろの文、もろもろの命題、多少なりともうまく作られたもろもろの言説を言語活動の内部にあって定義しているのだとすれば、考古学のほうはこれらの命題やこれらの言説の純粋な生起、すなわち言語活動の外部、言語活動が存在するという単純な事実そのものをみずからの領分として要求するのである。

このようにして、考古学は「言表の意味論のうえに築かれるメタ意味論」というバンヴェニストの計画を寸分のたがいもなく実現したのであった。言表の意味論の力を借りて、言表されるものの領野を命題の領野から切り離したあと、これを利用して、フーコーは、もろもろの知と学問を探究するための新しい観点を手に入れようとする。「メタ意味論」すなわち考古学をとおしてもろもろの学問的言説の分野を授けなおすことを可能にする外部を手に入れようとするのである。

たしかにフーコーは、こうすることによって人前に出しにくくなった古い存在論を歴史学的な新しいメタ学問というモダンな装いで着飾らせ、皮肉なことにも、第一哲学をひとつの知としてではなく、あらゆる知についての「考古学」として紹介しなおすことしかしていないのかもしれない。しかしそう考えるなら、比類のない有効性をその研究に付与しているかれの方法の新しさが、近代文化の支配的伝統のように大文字の**自我**すなわち超越論的意識によって、あるいはさらに悪いことにそれと同じくらい神話にすぎない心身医学的な生身の自我によって言語活動の生起をとらえようとしたことにあるのではなく、主体、自我、意識のようなものが、言表されるものに、つまりは言語活動の純粋な生起になおも一致できるのか、という問いを果敢に提起したことにあることを見失うことになる。

じっさい、人間諸科学が意味をもった言説や言語分析のなんらかの次元（文、命題、発話内行為など）に相当する切断面を言語活動の内部にあってあつかうものとしてみずからを任じるかぎり、それらを担う主体は、言説を口にすると仮定された生身の個体と素朴に同一視されてしまっていた。一方、近代哲学も、超越論的主体から人間学的な属性や心理学的な属性をそぎ落として、それを純粋な〈わたしは話す〉に還元したにしても、そのことが暗に含んでいる言語活動の経験の変容について、もはや命題の次元ではありえない非意味論的な次元への言語活動の経験の横すべりについて、十分に気づいていたわけではない。じっさい、〈わたしは話す〉という言表を本当にまじめに受け取るということは、もはや言語活動をそれの所有主にして責任者である主体による意味の伝達や真理の伝達と考えないことを意味する。むしろ、それの純粋な生起における言説および主体を「それの空虚のなかで言語活動の果てしない溢出が休みなく追い求められる場所である非存在（inexistence）」（Foucault 3, p.112）と考えることを意味する。言表という行為は、言語活動のうちにあって、内部と外部のあいだの閾、純粋な外在性としてのそれの生起を印している。言表されるものが研究の主要な関心事になると、主体は実体としてのいかなる意味合いからも解放され、純粋な機能、もしくは純粋な位置となる。

（主体とは）さまざまな個体がじっさいに充たすことのできる特定の空虚な場所である。〔……〕命題、文、記号の集まりを「言表されるもの」と呼ぶことができるといっても、かつてそれを口にした者がいたとか、それの一時的な痕跡をどこかに残した者がいたということではない。主体の位置をそれのなかに割り当てることができるということであった。語句を言表されるものとして記述することは、作者とかれが語ったこと（あるいは語ろうとしたこと、あるいは思わず語ったこと）との関係を分析することではなく、個体が言表の主体となるためにそっくり充たすことのできる、また充たさなければならない位置がなんであるのかをつきとめることである。（Foucault 2, pp.125-126）

これらの前提にしたがって、フーコーは、その同じ年に、〔「作者とはなにか」のなかで〕作者の観念についての批判に取りかかる。それはその観念の翳りを確認したり、その観念の死を証明するためというよりも、その観念が主体という機能を単に明示化したものであることを明確にするためであった。このような明確化が必要であることは自明のことどころではないのであった。

作者という機能（fonction-auteur）がけっして表にあらわれることのないままに言説が流通し受け取られる文化を想像することは可能である。そこでは、あらゆる言説は、その地位、形式、価値がどうであろうと、またどのような待遇を受けようと、匿名のざわめきのうちに繰り広げられることだろう。（Foucault 3, p.21）

４－３　しかたのないことであるが、もろもろの知と学問の領域と比較しながら考古学の領分を境界画定することに気を取られたせいで、フーコーは、少なくともある時点までは、言表されるものの理論のもつ倫理的な意味合いについて問うことをなおざりにしていたように見える。作者を抹消したり、脱心理学化することにかかずらっていたため、「だれが話すのか」という問いを中性化してしまうことのうちにエクリチュールに内在する倫理のようなものをつきとめることにかかずらっていたため、かれはようやくあとになってから、作者の脱主体化と解体が主体そのものにたいしてもたらしうるあらゆる帰結を測定しはじめたのであった。したがって、バンヴェニストの用語を使うなら、学問的諸言説のメタ意味論はそれを可能にしていた言表の意味論を覆い隠す結果となってしまったといえる。言表されるもののシステムをあるひとつの実定性と歴史的ア・

プリオリとにおいて構築することで、それの前提をなしていた主体の抹消のことが忘れられてしまったといえる。このようにして、正当なことではあるが「だれが話すのか」という誤った問題を取り除くことに気を取られたせいで、これとはまったく異なる、避けて通ることのできないつぎの問いを立てることができなかったのだ。すなわち、単に生物学的な生を生きているにすぎない個体が主体の「空虚な場所」を占めるやいなや、その個体のもとになにが起こるのか。その個体が言表のプロセスのうちに入りこんで、「わたしたちの理性とはもろもろの言説のあいだの差異のことであり、わたしたちの歴史とはもろもろの時代のあいだの差異のことであり、わたしたちの自我とはもろもろの仮面のあいだの差異のことである」(Foucault 2, p.172f) ことを発見するやいなや、なにが起こるのか。

いいかえるなら、脱主体化の主体であることはなにを意味するのか。どのようにして主体はみずからの破産について説明することができるのか。

この問いそこないは、それが問いそこないであるならばの話であるが、明らかに、フーコーが忘れていたとか無能であるせいではなく、言表の意味論という概念そのものに潜んでいる困難のせいである。その意味論は、言表されるもののテクストにではなくそれの生起に属するがゆえに、語られたことにではなく語ることそのものに属するがゆえに、それ自身ではテクストも学問も構築することはできない。言表の主体は、意味内容によってではなく、言語活動のできごとによって支えられている。それゆえに、みずからが分散するなかでもろもろの知のメタ意味論の可能性を基礎づけ、言表されるものを実定的なシステムのうちで構成する言表の主体は、自己を対象としてとらえることができず、自己について言表することができない。すなわち、もろもろの知の考古学が存在するようには、主体の考古学は存在することができないのである。

このことが意味するのは、主体の空虚な場所を占める者は、永遠に陰のうちに留まる運命にあるということ、作者は完全にみずからを見失い、「だれが話していようがかまうものか」と語る匿名のざわめきのうちで難破するということである。フーコーの著作のなかに、この困難が主題として意識されているおそらく唯一のテクストがある。それのなかでは、主体の闇が一瞬のあいだ、もてる輝きのすべてを放ちながらあらわれている。『悪名高い人々の生活』がそれである。これは、もともとは投獄令状（レトル・ド・カシエ）のアンソロジーへの序文として構想されたものである。それらの令状において、権力との出会いが、こういうことでもなければ自分の痕跡を残すことはなかったであろう人間的実存たちに悪名の烙印を押し、その瞬間にかれらを夜と沈黙から引きはがす。これらの簡潔な言表をとおして一瞬のあいだ輝き出るのは、ある種の口承史を感傷的に誇張する者たちが欲していることとはちがって、個人の歴史の伝記的なできごとではなく、もうひとつの歴史の光跡である。抑圧された存在の記憶ではなく、想起不可能なエートスの沈黙の炎である。主体の顔ではなく、生物学的な生を生きている存在と言葉を話す存在とのあいだの分離である。その分離が主体の空虚な場所をマークしているのである。ここでは、生はそれがそこで弄ばれている悪名のうちにのみあり、名前はそれを覆っている汚名のなかでのみ息づいているため、なにものかが、この汚名のうちにあって、あらゆる伝記を超えたところで、それらについて証言するのである。

4－4　フーコーは、言表の次元に相当する実定的な次元、「言表されるものの形成と変形の一般的システム」（Foucault 2, p.171）を「アルシーヴ（archive）」と呼ぶ。この次元は、狭い意味での古文書館――すなわち、すでに語られたことの痕跡を未来における想起のもとへと引き渡すためにその痕跡を分類して保管している場所――とも、歴史家のまなざしのもとでよみがえることができるように言表されたものの灰を掻き集めたバベルの図書館とも一致しない。とすれば、この次元をわたしたちはどう理解すればよいのだろう。

言説上のできごとを定義する諸規則の総体として、アルシーヴは可能なあらゆる文――すなわち語ることの諸可能性――を構築するシステムとしてのラング（langue〔言語〕）と、すでに語られたこと、じっさいに話されたか書かれたパロール（parole〔言葉〕）の総体を集めたコルピュス（corpus〔集成〕）のあいだに位置する。すなわち、アルシーヴとは意味をそなえたあらゆる言説のうちにそれの言表の機能として刻みこまれる非‐意味論的なもののかたまりであり、あらゆる具体的な発語を取り巻いてそれを限界づける暗い余白である。すでに語られたことしか知らない伝統の強迫的な記憶と、いまだ語られていないことにのみ身を任せるあまりに気ままな忘却とのあいだにあって、アルシーヴは言表されたがゆえにあらゆる言葉のうちに刻みこまれている語られていないもの、あるいは語りうるものである。「わたし」と言うたびにそのつど忘れられる記憶の断片である。ラングとパロールのあいだで宙づりになっているこの「歴史的ア・プリオリ」のうちにこそ、フーコーは自分の足場を据え、「すでに語られたことにその存在の次元で問いかけるような記述の一般的主題」（p.173）としての考古学、すなわち、あらゆる発語行為（acte de parole）

における語られていないものと語られたもののあいだ、言表の機能とそれが遂行される場所としての言説のあいだ、言語活動の外部と内部のあいだの諸関係のシステムとしての考古学をうち建てる。

　さて、フーコーの作業をまねながらも、その作業をラングのほうにずらしてみたとしよう。すなわち、かれがラングと発語行為の総体とのあいだに据えつけた足場を、ラングの次元のほうに、もっと正確に言えば、ラングとアルシーヴのあいだに移してみたとしよう。すなわち、もはや言説（ディスクール）とそれの生起のあいだ、語られたことと言表の行為のあいだにではなく、ラングとそれの生起のあいだ、語ることの純粋な可能性とそれの現勢化のあいだにである。言表がいわばラングとパロールのあいだで宙づりになっているとすれば、現におこなわれている言説（ディスクール）の観点からではなく、言語（ラング）の観点から、言表されるものについて考察してみるのである。言表の次元から、発語行為のほうをではなく、ラングそのもののほうを振り返ってみるのである。さらに言えば、言語活動や現におこなわれている言説（ディスクール）の次元のもとでだけでなく、語ることの潜勢力（potenza di dire）としての言語（ラング）の次元のもとでも、内部と外部を結合してみようとするのである。

　語られていないものと語られたもののあいだの諸関係のシステムを定める**アルシーヴ**にたいして、ラングの内部と外部、あらゆる言語における語りうるものと語りえないもの、つまりは語ることの潜勢力とそれの現勢化、語ることの可能性と不可能性のあいだの諸関係のシステムを**証言**と呼ぶことにしよう。**潜勢**力としてあるかぎりでの現に作動中の潜勢力について考えること、すなわちラングの次元のもとで言表について考えることは、可能性と不可能性、能力と無能力とにそれを分割する区切りを可能性のうちに刻みこむこと、そしてこの区切りのうちに主体を位置づけることを意味する。アルシーヴの構成は、主体が単なる機能、あるいは空虚な位置へと還元され、排除されること、言表されるものの匿名のざわめきのうちに主体が消失することを前提としていたのにたいして、証言においては、主体の空虚な場所が決定的な問題となる。もちろんそれは、フーコーが「どうすれば主体の自由が言語の諸規則のうちに入りこめるというのだろう」と言いながら精算しようとした古い問題に逆戻りすることではない。そうではなく、つぎのように問いながら、語ることの可能性と不可能性のあいだの隔たりのうちに主体を位置づけることである。「どうすれば言表のようなものが言語の次元にあることができるのか。どのようにして語ることの可能性がそれ自体としてあらわれることができるのか」。まさに証言とは語ることの可能性とそれの生起のあいだの関係であるがゆえに、証言は語ることとの不可能性との関係をとおしてのみ——すなわち、偶然性としてのみ、存在しない可能性としてのみ——与えられることができる。この偶然性、主体のもとでの言語のこの生起は、現におこなわれている言説を主体がじっさいに口にするのか口にしないのか、話すのか沈黙するのか、言表されるものが産出されるのか産出されないのか、とはかかわりのないことである。それは、主体のもとで主体が言語をもつことができるのか、もたないことができるのか、にかかわる。すなわち、主体とは、言語が存在しない可能性、生起しない可能性である。もっと正確に言えば、言語が存在しない可能性をとおしてのみ、言語の偶然性をとおしてのみ、言語が生起する可能性である。人間が言葉を話す存在であり、言語活動を有する生物であるのは、言語をもたないことができるがゆえのことなのであり、自分の幼児期（in-fanzia, in-fans〔言葉を発することのできない状態〕）であることができるがゆえのことなのである。偶然性（contingenza）というのは、可能なもの、不可能なもの、必然的なものと並ぶ様相のひとつではない。ひとつの可能性がじっさいに与えられること、潜勢力が潜勢力として存在する様式である。それは、潜勢力の観点から見て、存在する可能性と存在しない可能性のあいだの区切りが生起することと見なされるかぎりでのできごと（contingit〔生起する〕）である。この生起は、言語において、主体性の形態をもつ。偶然性とは主体の試練にかけられた可能なもののことである。

じっさい、語られることとそれの生起のあいだの関係においては、言表の主体は、ともかくも発語がすでになされてしまっているからには、かっこに入れることができた。これにたいして、言語とその現勢化、ラングとアルシーヴのあいだの関係は、まさに話すことの可能性そのもののなかにあってパロールの不可能性を証示するものとしての主体を必要とする。このため、主体は証人の姿をしているのであり、話すことのできない者たちのために話すことができるのである。証言とは、あるひとつの潜在する能力が語ることの無能力をとおして現勢化することであり、同時にまた、あるひとつの不可能性が話すことの可能性をとおして現存にもたらされることである。この二つの運動は、単一の主体、あるいは単一の意識のもとに一体化させることができず、交流不可能な二つの実体に分離することもできない。この分離不可能な親密性が証言である。

４－５　ここで論じられている観点のもとでもろもろの様相のカテゴリーを定義しなおしてみる

時が来た。様相のカテゴリー——可能性、不可能性、偶然性、必然性——は、諸命題の構造あるいは事物とわたしたちの認識能力との関係にかかわるだけの単に論理学的ないしは認識論的なカテゴリーなのではない。そうではなくて、それらのカテゴリーは存在論的な演算子である。すなわち、存在のための生政治的な巨人族の戦い（ギガントマキア）を展開し、人間的なものと非人間的なものについて「生かす」か「死ぬがままにする」かをそのつど決するための破壊兵器である。そして、この戦いの場が主体なるものなのである。存在が様相のもとに与えられるということは、「生きているものたちにとって、存在とは生きることである（to de zēn tois zōsi to einai estin）」（アリストテレス『霊魂について』四一五b一三）ということ、存在は生きている主体を含んでいるということを意味する。もろもろの様相のカテゴリーは、カントの主張によれば、主体に依拠しているのではなく、主体から派生するのでもない。そうではなく、主体はそれらのカテゴリーが相互作用するプロセスにおいての賭金のようなものである。それらのカテゴリーは、主体のもとで、主体ができることと主体ができないこと、生物学的な生を生きている存在と言葉を話す存在、回教徒と証人を切断し、分離する。そして、このようにして主体について決定する（decidere〔二分する〕）のである。

可能性（存在することができること）と偶然性（存在しないことができること）は、主体化の演算子、可能性が現存にもたらされる地点、可能性が不可能性との関係をとおして与えられる地点の演算子である。可能性の否定（存在することができないこと）としての不可能性と、偶然性の否定（存在しないことができないこと）としての必然性は、脱主体化の演算子、主体の破壊と罷免の演算子、つまりは、主体のもとで能力と無能力、可能性と不可能性を分割するプロセスの演算子である。最初の二つは、存在をそれの主体性において構成する。要するに、つねにわたしの世界である世界として、存在を構成する。というのも、その世界では可能性が現存にもたらされ、現実的なものに触れる（contigit）からである。一方、必然性と不可能性は、存在をそれの完全無垢性と不透過性とにおいて、主体のない純粋な実体性において境界画定する。すなわち、限界において、けっしてわたしの世界ではない世界を境界画定する。なぜなら、その世界では可能性は現存しないからである。しかし、存在の演算子としてのもろもろの様相のカテゴリーは、主体が選択したり拒否したりすることができるようなものとして主体の前に横たわっているわけではない。なにか特権的な瞬間に主体が引き受けようと決意することができるような任務として横たわっているわけでもない。そうではなく、主体は、灼熱の流れがすでに通りすぎたあとの諸力の場、能力と無能力、存在しないことができることと存在しないことができないことについて歴史的に決定された諸力の場である。

アウシュヴィッツは、この観点のもとでは、これらのプロセスの歴史的な崩壊の地点、不可能なものが無理やり現実的なものへと移行させられるという破壊的体験をあらわしている。それは不可能なものの現存であり、偶然性のもっとも徹底的な否定——ひいてはもっとも絶対的な必然性である。アウシュヴィッツが生産する回教徒は、かれから生まれるはずの主体の破滅であり、偶然性の場所としての主体を抹消することであり、不可能なものの現存としての主体を維持することである。政治についての〔ナチス・ドイツの宣伝相〕ゲッベルスの定義である「不可能に見えるものを可能にする芸術」は、ここでそのあらゆる意義を獲得する。それは存在の演算子にたいすある生政治の実験を定義している。そしてその実験とは、主体化と脱主体化の結びつきがすっかり断ち切られるように見える臨界点まで主体を変貌させ解体させるような実験にほかならないのである。

4－6　autore（伊）とか auteur（仏）とか author（英）という語が「作者」という近代的な意味で使用されるようになったのは、かなりあとになってからである。もともとラテン語では、アウクトル（auctor）は、年少者（あるいは、なんらかの理由により、法的に妥当な行為を実現する能力を欠いている者）の行為に立ち会って、その者が必要とする妥当性の補完をその者に授ける者を意味する。こうして、その後見人は auctor fio〔わたしは後見人になる〕という文句を宣言することによって、被後見人にかれが欠いている「権威」を授ける（当時の言葉を使うなら、被後見人は「権威ある後見人をともなって（tutore auctore）」行為する）のである。同様に、「元老院の裁決（auctoritas patrum）」とは元老院議員たちが人民の決定をいかなる適用においても妥当で強制的なものとするためにそれに与える認可であり、このことから元老院議員たちは「権威ある元老院議員（patres auctores）」と呼ばれるのである。

ところでまた、この語の最古の意味のうちには、所有権の移転の行為をおこなう「売り手」、「助言や説得をする者」、さらには「証人」という意味もある。不完全な行為の補完という観念をあらわしていた語が、どのようにして、売り手、助言、証言を意味することができるようになるのだろうか。一見すると別々のものに見えるこれらの意味の根底にある共通の性格は、どのようなものなのだろうか。

「売り手」と「助言者」という意味については、文献をさっと一覧するだけで、それらの意味がアウクトルという語の根本的な意味に本質的に属していることを明らかにすることができる。売り手がアウクトルと呼ばれるのは、かれの意志が買い手の意志と補いあうことによって、買い手の所有権を認可し、正当なものにするからである。すなわち、所有権の移転は買い手の正当な権利が売り手の正当な権利につねに依拠している移転のプロセスのうちへの少なくとも二つの立場の収斂として生じるのであり、このため、売り手は買い手のアウクトルとなるのである。『学説彙纂』（五〇・一七・一七五・七）の non debeo melioris condicionis esse, quam auctor meus, a quo ius in me transit〔わたしは、わたしに権利が移転する元であるわたしの売り手以上の地位であってはならない〕を読んでみよう。簡単に言えば、それはつぎのことを意味している。すなわち、わたしの所有権はそれを「権威づける」売り手の所有権に必要かつ十分なしかたで依拠している。いずれにしても基本的なのは、一方が他方のアウクトルの役をするような二つの主体のあいだの関係という観念である。現在の所有者の正当な所有権を基礎づける売り手が、現在の所有者によって auctor meus〔わたしの売り手〕と呼ばれるのである。

「助言や説得をする者」という意味もまた、同種の観念を前提としている。じっさい、主体の不確かな意志、あるいは躊躇する意志は、行為に移ることができるよう、アウクトルからはずみや支援を受けとる。プラウトゥスの『ほら吹き兵士』の quid nunc mi auctor es, ut faciam?〔あなたはいま助言者としてわたしになにをするよう勧めるのか〕を読んでみよう。それは「あなたはわたしになにをするよう勧めるのか」を意味するだけではない。なにをすることをわたしに「認可する」のか、わたしの意志がなんらかの行為をしようと決意することを可能にするために、どのようにわたしの意志を補完するのか、をも意味する。

この観点から見れば、「証人」という意味のほうも判然としてきて、ラテン語で証言の観念をあらわす三つの語はそれぞれが独自の容貌を帯びるにいたる。testis は、二人の主体のあいだの係争に第三者として立ち会うという意味での証人を指しており、superstes は、ある体験を徹底的に生き抜き、その体験を越えて生き残り、したがってその体験を他人に報告することができる者であるとすれば、auctor は、その者の証言が、なにか、その者よりも先にあって、その実在と効力がが認可もしくは確証されなければならないもの――事実であれ事物であれ言葉であれ――をつねに前提しているという意味での証人を指している。この意味で、auctor は、res〔事実〕に対置され（auctor magis... quam res... movit〔証人は事実よりも力をおよぼした〕、すなわち、証人は証言される事実よりも権威をもっている――リウィウス『ローマ建国以来の歴史』二・三七・八）、vox〔言葉〕に対置される（voces... nullo auctore emissae〔いかなる証人も発していない言葉〕、すなわち、いかなる証人も真理を保証していない言葉――キケロ『カエリウス弁護』三〇）。つまり、証言というのはつねに「アウクトル」の行為なのであって、不十分なところを補い、能力が欠如しているものに能力を授けるという、本質的な二元性をつねに秘めているのである。

同様に、詩人たちのもとで auctor という語がもっている「種族もしくは都市の創設者」という意味も、バンヴェニストが augere〔成長させる〕の本来の意味と見なす「現存にもたらす」という一般的な意味も、説明がつく。周知のように、古典世界は無からの（ex nihilo）創造を知らず、いかなる創造の行為も、形のない質料であれ、不完全な存在であれ、完成し「成長させ」なければならないなにか他のものをともなっているのであった。いかなる創造者もつねに共同創造者であり、いかなる作者もつねに共作者である。そして、アウクトルの行為が無能な者の行為を完成し、それ自体は証拠能力を欠いているものに証拠能力を付与し、単独では生きることができないものに生命を付与するということは、裏返して言えば、アウクトル－証人の行為もしくは言葉に意味を与えるのは、かれより先にあってかれが補完するにいたる不完全な行為もしくは無能力だということでもある。単独で効力をもっているとうぬぼれているようなアウクトルの行為には、なんの意味もない。それは、生き残りの証言が証言できない者の存在理由を補完するにいたってはじめて真理と存在理由をもつにいたるのと同様である。後見人と無能力者、創造者とその質料と同様に、生き残って証言する者と回教徒は分離不可能であり、両者の差異をともなった統合のみが証言を構成するのである。

4－7　「回教徒こそが完全な証人である」というレーヴィのパラドックスを見てみよう。それには矛盾する二つの命題が含まれている。命題一——「回教徒は、非－人間、けっして証言することのできない者である」。命題二——「証言することのできない者が、真の証人、絶対的な証人である」。

ここまで来ると、このパラドックスの意味と無意味がはっきりとしてくる。その意味と無意味によって表現されているのは、アウクトルの行為としての、語ることとの不可能性と可能性、非-人間と人間、生物学的な生を生きている存在と言葉を話す存在の差異と統合としての、証言のはらむ内密の二元的構造にほかならない。証言の主体は根本的に分裂しており、分離と隔たりのうちにあることだけを内実としているが、しかもなお、分離と隔たりに還元しつくされることもできない。このことは、証言の主体とは「脱主体化の主体である」ということを意味している。それゆえ、証人、倫理的主体は、脱主体化を証言する主体である。そして、証言をゆだねることができないということはこの分裂の勲章にほかならず、回教徒と証人、語ることの無能力と能力のこの分離不可能な親密さの勲章にほかならない。

「人間は人間のあとも生き残ることのできる者である」というレーヴィの第二のパラドックスもまた、ここにいたって意味が明らかとなる。回教徒と証人、人間的なものと非人間的なものは、外延を同じくしていながら一致せず、分割されていながら分離不可能である。そして、この分割不可能な区分、この分裂していながら分離不可能な生は、二重の生き残りによってあらわされる。すなわち、非-人間とは人間のあとに生き残ることのできる者であり、人間とは非-人間のあとに生き残ることのできる者である。回教徒が人間のうちで切り離されえたからこそ、人間の生が本質的に破壊可能で分割可能であるからこそ、証人は回教徒のあとに生き残ることができる。証人が非人間的なもののあとに生き残ることは、回教徒が人間的なもののあとに生き残ることの関数である。無限に破壊されうるものは、無限にみずからのあとに生き残ることのできるものである。

４－８　生が自分自身のあとに生き残ることができるということ、それどころか、本質的に、生は多数の生に分裂しており、ひいては多数の死に分裂しているということは、〔啓蒙主義期フランスの医学者〕マリー＝フランソワ＝グザヴィエ・ビシャの生理学の中心的主張である。かれの『生と死の生理学的探求』〔一八〇〇年刊〕の全体が生における根本的分裂についての認識によって立っている。かれはその分裂をあらゆる有機的組織における二つの「動物」の共生として提示する。一方には、内側に存在している動物（animal existant en dedans）がいる。この生は――これをかれは有機的と呼んで、植物の生になぞらえている――「同化と排泄の習慣的な継起」にほかならない。他方には、外側で生きている動物（animal vivant au-dehors）がいる。この生は――これだけが動物の名に値する――外界との関係によって定義される。有機的なものと動物的なものの分裂は個体の生の全体を貫いており、有機的な諸機能（血液の循環、呼吸、同化、排泄など）の連続性と動物的な諸機能（それらのうちでもっとも明白なのは睡眠‐覚醒の機能である）の断続性の対立、有機的な生の非対称性（唯一の胃、肝臓、心臓）と動物的な生の対称性（対称的な脳、二つの目、二つの耳、二本の腕）の対立のうちに示されている。そしてさらに、両者の生の始まりと終わりにおける不一致のうちに示されている。じっさい、有機的な生は、胎児のうちで動物的な生に先立って始まり、老年期と死期において動物的な生の死のあとに生き残る。フーコーは、ビシャにおける死の多様性、死が運動をとおして死となること、あるいは部分ごとに死となることに着目した。死は、部分的な死の系列のもとで分割されるのである。脳の死、肝臓の死、心臓の死というようにである。しかし、ビシャが受け入れることのできないもの、かれにとって測り知れない謎として姿をあらわしつづけるものは、この死の多様化ではなく、有機的な生が動物的な死のあとに生き残ること、不可解にも「内側の動物」が、外側の動物が生存をやめてもなお存続することである。じっさい、有機的な生が動物的な生に先立つことはしだいに高度で複雑な形態へと発展するプロセスとして説明がつくにしても、内側の動物が無分別に生き残ることについては、どう説明すればよいのだろうか。

有機的な諸機能が無頓着に生き残るなかで動物的な生がしだいにだんだんと容赦なく止まっていくさまをビシャが述べているくだりは、『探求』のなかでももっとも緊張度の高いくだりのひとつである。

自然な死にはつぎのような注目すべき点がみられる。すなわち、有機的な生が終わるよりもずっとまえに動物的な生をほぼ全面的に終わらせるというのが、それである。長期間の老衰のすえに死ぬ人間について見てみよう。かれは部分ごとに死んでいく。かれの外側の諸機能はひとつひとつ止まっていく。かれのあらゆる感覚は継起的に閉ざされていく。いつもなら感覚の原因となっていたものが、感覚に働きかけることなく、その上を通りすぎていく。視覚はかすみ、くもり、ついには対象のイメージを伝達することをやめる。老人性の失明である。まず音が不明瞭にしか耳をとらえなくなり、耳はまもなく音をまったく感じられなくなる。外皮は干からびて硬くなり、一部の管がふさがって失われ、ぼんやりとして不鮮明になった触覚の座にすぎなくなる。しかも、その感覚の慣れのために感度が鈍くなる。皮膚に依存するすべての器官が衰弱し、死ぬ。髪の毛、ひげは白くなる。栄養源となっていた分泌液を失って、大多数の体毛が落ちる。においは弱い印象しか鼻に与えなくなる。〔……〕このように自然のただなかで孤立して、感覚器官の諸機能を部分的に失っただけでもう、老人の脳の諸機能までもがたちまち死んでいく。もはやかれにはほとんど知覚がない。というのも、ほとんどいかなる感覚も知覚の実行を引き起こさないからである。想像力は鈍くなり、じきになくなる。目の前にある事物の記憶が崩壊する。老人は言われたばかりのことを一瞬にして忘れてしまう。というのも、かれの外的感覚は衰え、いわばすでに死んでいるので、かれの頭がかれに教えこむことの裏づけに少しもならないからである。感覚によって描かれたイメージが観念の刻印を保持しなくなると、観念は逃げ去っていくのである。(Bichat, p.200f)

外的感覚のこの衰えに、収容所の回教徒の無関心についての記述を思わせるような世界からの内密の疎隔が対応して起こる。

老人の動きは緩慢であり、めったに動かない。やっとの思いでいまの姿勢からぬけ出すのである。暖房の火の近くにすわって、内にこもりながら日々を過ごす。周囲にあるものから疎遠になり、欲望、情念、感興を失い、ほとんど話さなくなる。なにものからも沈黙を破るように仕向けられないからである。ほかのあらゆる感情がもうほとんど消え去っていても、自分がまだ生存していると感じることで満足している。〔……〕老人のもとで、外側の諸機能が少しずつ止まっていくこと、有機的な生がまだ活動していても、動物的な生がほぼ全面的に停止していることは、いま述べたことから容易に見てとれる。この点から見れば、自然な死がまさに消滅させようとしている生体の状態は、母親の胎内にいたときの状態、しかも植物の状態に似ている。というのも、植物は内側でしか生きておらず、植物にとってあらゆる自然は沈黙しているからである。(p.202f)

記述は最後にいたって、ある問いのもとで頂点に達する。その問いは、そのままにまた、謎を前にしての無力さの苦い告白でもある。

それにしても、なぜわたしたちは、外側に存在することをやめてもなお、内側で生存しているのだろうか。感覚、運動などは、栄養源にしなければならない物体にわたしたちをかかわらせることを第一の目的としているというのにである。なぜこれらの機能は内側の諸機能よりも大きな割合で衰えるのだろうか。なぜ両者の諸機能の停止のあいだに一致したつながりがないのだろうか。わたしはこの問いを完全に解くことはできない〔……〕。(p.203f)

ビシャは、一方では蘇生のための医療技術が、他方では生政治の技術が、まさにこの有機的なものと動物的なものの分離に取り組んで、対外的な生のあとに果てしなく生き残る植物的な生という悪夢、人間から果てしなく分離することのできる非‐人間という悪夢を実現することを予見できなかった。しかし、この悪夢のおぼろげな予感が不意にかれの頭をよぎったのか、かれはここにいたって、逆転した死という正反対の夢を思い描く。その死は動物的な諸機能を人間のうちで生き残らせ、有機的な生の諸機能を完全に破壊するものである。

> 循環、消化、分泌などのような、あらゆる内側の諸機能だけが死んで、動物的な生がすべて存続しているような人間を想定することができるとしたら、この人間は自分の有機的な生の終わりが近づいているのを冷淡なまなざしで見ることだろう。というのも、生存の恵みは内側の諸機能と少しも結びついていないことがわかり、この種の死のあとも、以前に自分の幸福となっていたもののほとんどすべてを自分はまだ感じ、体験できることがわかるだろうからである。（p.205f）

生き残るのが人間であろうと非‐人間であろうと、動物的なものであろうと有機的なものであろうと、生はみずからのうちに生き残るという夢――あるいは悪夢――を抱えこんでいるといえるだろう。

4‐9　フーコーは、すでに見たように、近代の生権力と古い領土国家の主権的権力とのちがいを、シンメトリックな定式を交差させることによって定義する。死なせ、そして生きるがままにしておくというのが、古い主権的権力の銘句であって、主権的権力はなによりも殺す権利として行使される。これにたいして、生かし、そして死ぬがままにしておくというのが、生権力のモットーであって、生権力は生物学的なものの国家化および生にたいする世話をみずからの第一目標としている。

これまでの考察に照らしてみれば、この二つの定式のあいだに第三の定式が忍びこんでいることがわかる。それは二十世紀の生政治のもっとも特徴的な性格を定義するものである。もはや、死なせるでも生かすでもなくて、生き残らせるというのが、それである。生でも死でもなく、調節可能で潜在的には無限な生き残りの生産が、現代の生権力の主要な性能である。それは人間において、有機的な生を動物的な生から、非－人間を人間から、回教徒を証人から、蘇生の技術によって機能を維持された植物的な生を意識的な生から、限界に達するまで分割することである。その限界は、地政学の最前線のように本質的には可動的であり、科学の技術と政治の技術の進歩にしたがって移動する。生権力の最大の野心は、人間の身体のうちに、生物学的な生を生きている存在と言葉を話す存在、生命（ゾーエー）と生活（ビオス）、非－人間と人間の絶対的分離を生産することである。つまりは、生き残ることを生産することである。

このため、収容所の回教徒は——今日の蘇生用の治療室における深昏睡状態の者や植物人間（ネオモート）の身体と同様に——生権力の有効性を示しているだけでなく、いわば生権力の暗号をあらわにし、その奥義（アルカーヌム）を開示している。〔近世初期ドイツの政治思想家〕アルノルト・クラップマールは『国事の奥義について』（一六〇五年）のなかで、権力の構造において、目に見える顔（jus imperii〔国法〕）

と隠れた顔（arcanum〔奥義〕——これをかれは arca、すなわち貴重品箱、金庫に由来する語と見なしている）を区別した。現代の生政治において、生き残ることはこの二つの顔が一致する地点であり、権力の奥義（アルカーヌム・インペリイー）がそのものとして明るみに出ることである。このため、奥義はいわばそれ自身の露出において不可視のままであり、目の前で開示されればされるほど隠れたものとなる。回教徒のもとで、生権力はみずからの究極の奥義を生産しようとした。回教徒はいかなる証言の可能性からも分離された生き残ることの形象なのであり、いわば生政治の絶対的実体なのである。そして、この実体を切り離すことによって、これに人口学的、民族的、国民的、政治的なあらゆるアイデンティティを割り当てていくことができるようになるのである。なんらかのしかたで「最終的解決」に関与した者はだれでも、ナチス官僚機構の隠語によれば Geheimnisträger すなわち機密保持者であるのにたいして、回教徒は絶対的に証言不可能な機密であり、生権力の開示不可能な貴重品箱である。開示不可能であるのは空虚だからであり、その貴重品箱が収容所の中心にある volkloser Raum すなわち国民〔公民権を有する人々〕がからっぽの空間にほかならないからである。その空間はあらゆる生を自分自身から分離しながら、公民から非アーリア血統のドイツ国籍取得者（シュターツアンゲヘーリゲ）への移行、非アーリア人からユダヤ人への移行、ユダヤ人から収容者への移行、そしてついにはユダヤ人収容者から自分自身を越えて回教徒への、すなわち割り当て不可能で証言不可能な剝き出しの生への移行を印づける。

　したがって、こんにちアウシュヴィッツについては語りえないということを主張している人々は、自分の主張にもっと慎重でなければならない。かれらが、アウシュヴィッツは比類のないできごとであり、そのできごとを前にすれば証人は語ることの不可能性の試練にみずからの言葉をなんらかの仕方でゆだねなければならないと言おうとしているのなら、かれらは正しい。しかし、比類のなさと語りえないことを結びつけることによって、アウシュヴィッツを言語活動から絶対的に隔絶された現実としているのなら、証言を成り立たせている語ることの不可能性と可能性のあいだのつながりを回教徒のもとで断ち切っているのなら、かれらは無自覚なままにナチスの身ぶりをまねていることになり、権力の奥義にひそかに加担していることになる。かれらの沈黙は、収容所の住人たちにたいするＳＳ隊員たちのあざけりに満ちた忠告のまねをする危険がある。レーヴィはその忠告を『沈んでしまった者と救いあげられた者』の冒頭で書き写している。

> この戦争がどのように終わろうと、おまえたちとの戦争に勝ったのはこのわれわれだ。おまえたちのうちのだれも、生き残って証言をすることはないだろう。が、たとえだれかうまく生き延びることができた者がいたとしても、世間はその者の言うことを信じないだろう。歴史家が疑ったり、検討したり、研究したりすることはあるかもしれないが、確証は見つからないだろう。われわれがおまえたちもろとも証拠を湮滅してしまうからだ。なにか証拠が残ったとしても、そしておまえたちのうちのだれかが生き残ったとしても、人々はおまえたちの語ることが途方もないことなので信じられないと言うだろう。〔……〕収容所（ラーガー）の歴史を書くのは、このわれわれなのだ。（Levi 2, p.3）

4－10　生き残ることからこのように生を隔離することこそ、証言があらゆる言葉を尽くして反駁するものである。証言は、非－人間と人間、生物学的な生を生きている存在と言葉を話す存在、回教徒と生き残った者が一致しないからこそ、両者のあいだに分離不可能な分割があるからこそ、証言が存在することができると語る。証言は言語そのものに属するからこそ、無力をとおしてのみ語る力が生起することを証言するからこそ、それの権威は、即物的な真理に由来するのではなく、言葉と事実、記憶とできごとの合致に由来するのではなく、語りえないものと語りうるもの、言語の外部と内部のあいだの想起不可能なつながりに由来するのである。証人の権威は、語ることができないということの名においてのみ語ることができることにあり、つまりは主体であることにある。証言が保証するのは、アルシーヴに保管されている言表されたものの即物的な真理についてではない。証言が保証するのは、自分の保管不可能性、自分がアルシーヴの外部にいること、すなわち——言語の存在として——自分が記憶からも忘却からも不可避的に逃れ出る存在であることについてである。したがって、語ることの不可能性が与えられたところでしか証言は与えられないのだから、そして脱主体化があったところにしか証人はいないのだから、回教徒こそは真の意味で完全な証人なのであり、このため、回教徒を生き残った者から断ち切ることはできないのである。

この観点からすれば主体にはどのような特別の法的権限が属しているのかということを省察してみてもよいだろう。証言の主体は——それどころか、主体であることと証言することが結局のところ同じことであるとすれば、あらゆる主体は——残りのもの（resto）であるということは、それが――ギリシア語のヒュポスタシス（hypostasis）という言葉の意味のひとつにならって――主体化と脱主体化、人間化と非人間化の歴史的プロセスの背後で、それらの生成の一種の基底あるいは土台として存続している下層、堆積物、沈殿物のようなものであるという意味に解してはならない。このようにとらえられてしまうと、またもや根拠〔土台〕の弁証法をくり返すことになる。根拠〔土台〕の弁証法においては、人間的な生を主体のものとすることができるように、なにかが――わたしたちの場合でいえば、剝き出しの生が――分離され、底に達しなければならない（この意味においては、回教徒とは、アーリア的な生のようなものを生産できるように、ユダヤ的な生が底に達する様態にほかならない）。根拠とは、ここでは目的(テロス)の関数であって、目的(テロス)とは人間の到達点もしくは根拠、非人間の人間への生成の到達点もしくは根拠のことなのである。徹底的に問題視しなければならないのは、この考え方である。主体化と脱主体化のプロセス、生物学的な生を生きている存在が言葉を話す存在となることと言葉を話す存在が生物学的な生を生きている存在となること――もっと一般的にいえば歴史のプロセス――を、黙示的なものであれ、世俗的なものであれ、テロスをもったものと見なしてはならない。生物学的な生を生きている存在と言葉を話す存在、非人間と人間が――あるいは一般的に歴史のプロセスの両端が――、あるひとつの到達され完成された人間性のうちで溶接され、実現された同一性のうちで合成されるような、そのようなテロスをもったものと見なしてはならないのである。といっても、目的を欠いているからといって、それらのプロセスは、果てしのない幻滅や漂流という無分別さ、あるいはむなしさを宣告されるわけではない。それらのプロセスは目的（fine）をもたないが、残りのもの（resto）

をもっている。それらの中には、あるいはそれらの下には、根拠〔土台〕はないが、それらのあいだに、それらの中間に、消し去ることのできない隔たりがある。そして、その隔たりのもとで、あらゆる終端は残りのものの位置に置かれることができ、証言することができる。未来に向かってではなく、単に過去に向かってでもなく、中間の剰余のなかで時を満たすものこそ、まさに歴史的である。メシアの王国は未来（至福千年）でも過去（黄金時代）でもない。それは残っている時間（tempo restante）なのである。

4－11　一九六四年のドイツの放送局によるインタビューのなかで、ハナ・アーレントは、彼女の過ごしたヒトラー以前の時代のヨーロッパのうち、彼女にとってなにが残っているのかと問うインタビュアーに、こう答えた。「なにが残っているかですって？　母語が残っています（Was bleibt? Es bleibt die Muttersprache）」。残っているものとしての言語とはなんだろうか。どのようにして言語は、主体のあとに、そしてまたその言語を話していた人々のあとにさえも、生き残ることができるのだろうか。残っている言語で話すこととは、なにを意味するのだろうか。

　死語のケースが、ここでは教えるところの多い範例となる。あらゆる言語は、二つの対立する張力が通過する場と考えることができる。一方の張力は改新と変容に向かい、もう一方の張力は不変と保守に向かう。一方の張力は言語においての無規範（アノミー）の地帯に対応し、もう一方の張力は文法的規範に対応する。この二つの対立する流れの交差する地点がアウクトル（auctor）としての話す主体なのであって、そこにおいて、語ることのできるものと語ることのできないもの、ある言語にあっての語りうるものと語りえないものが、そのつど決定される。話す主体において、規範と無規範、語りうるものと語りえないものの関係が引き裂かれるとき、言語の死が起こり、意識のもとへの新しい言語的アイデンティティーの登場が起こる。いいかえれば、死語とは、規範と無規範、改新と保守が対立することのできない言語なのである。この種の言語については、その言語はもう話されていない、すなわち、**その言語のうちにあって主体の位置を指定することはできない**ということができる。ここでは、すでに語られたことが、閉じられていて外部を欠いたひとつの全体を形づくっている。そうした全体は、文書集成のもとで伝えられるか、古文書館のなかで思い起こされることしかできない。ラテン語については、すでに古代ローマの共和政期に話者に意識されていた都会の言葉（sermo urbanus）と田舎の言葉（sermo rusticus）のあいだの緊張が断ち切られた瞬間に、このことが生じた。対立が内部の二極的な緊張と受け止められているあいだは、ラテン語は生きた言語であり、主体はただひとつの言語を話していると感じていた。その対立が弛緩を来たしたとき、規範的な部分は死語として——あるいはダンテが文法（grammatica）と呼ぶ言語として——分離され、無規範的な部分は通俗のロマンス諸語に生命を与えることとなる。

さて、ジョヴァンニ・パスコリの場合について見てみよう。十九世紀から二十世紀への変わり目、すなわちラテン語がとうの昔に死語となっていたときにラテン語で書いたイタリアの詩人である。ここで生じているのは、ひとつの個体が死語のうちで主体の位置を引き受けることに成功しているということ、すなわち、語りうるものと語りえないもの、改新と保守を対立させるあの可能性を、定義上もはや可能ではないはずであるにもかかわらず、死語のもとで再興することに成功しているということである。一見したところでは、このような死語の詩人は、あくまでも死語のうちで主体の座に復帰することによって、言語の正真正銘の再生を果たすのだといってよいように見える。そのうえ、これはあるひとりの孤立したアウクトルの模範がほかの者たちによって踏襲される場合にも生じることである。たとえば、一九一〇年から一九一八年にかけて、フォルノ・イン・ヴァル・ディ・ピュのピエモンテ方言で起きたのがそれである。そこでは、その方言を話していた最後の老人から若者のグループに感染して若者たちがそれを話しはじめたのであった。あるいはまた近世ヘブライ語の場合もそうである。この場合には、ひとつの共同体全体がもはや純然たる教養語となっていた言語にたいして主体の位置に就いたのであった。しかし、よく見ると、状況はもっと複雑である。いま例に引いた死語の詩人パスコリの提示した模範は意識的に孤立したままにとどまっていること、そしてかれが他方では別の母語〔イタリア語〕で話したり書いたりしつづけていることを考えれば、かれはそれを話していた主体たちのあとに言語をなんとか生き残らせようとしているのであり、生きた言語と死んだ言語のあいだの決定不能な中間——あるいは証言——としてその言語を産んでいるのだといえる。すなわち、かれは、文献学による一種の降霊術（ネキュイア）によって、死語が死語のままで言葉（パロール）へとよみがえるようにと、死語の亡霊にみずからの声とみずからの血を捧げているといえる。話すことの絶対的不可能性を認可し、言葉（パロール）へと招き寄せるとは、なんと奇妙なアウクトルであることか。

ここで証言の話に戻ると、証言することは、みずからの言語のうちで、それを失った者たちの位置に就くことを意味するということができる。すなわち、生きた言語のうちへと、それが死んでいるかのように着座すること、あるいは死んだ言語のうちへと、それが生きているかのように着座することを意味するということができる。——いずれにしても、アルシーヴとすでに語られたことのコルピュスとの外部にあってである。この証人のふるまいこそは、詩人のふるまい、すぐれてアウクトルのふるまいでもあるとしても、驚くことはない。ヘルダーリンの「残っているものを詩人たちは創設する（Was bleibt, stiften die Dichter）」というテーゼは、詩人たちの作品は時を越えて永続し残るものであるという陳腐な意味に解してはならない。そうではなく、そのテーゼが意味するのは、詩的な言葉はそのつど残りのもの（resto）の位置にあるものであるということであり、このようなしかたで証言することのできるものであるということである。詩人たち——証人たち——は言語を残っているもの（ciò che resta）として創設する。話す可能性——あるいは不可能性——のあとに生き残っていくものとして創設するのである。

このような言語はなにを証言するのだろうか。事実であれ事件であれ、記憶であれ希望であれ、歓喜であれ苦悶であれ、すでに語られたことのコルピュスのなかに記録できるようなものをだろうか。それとも、語ることを語られたことへと還元することの不可能性をアルシーヴのなかで検証する言表の行為をだろうか。そのいずれでもない。作者が自分の話すことの無能力を証言することに成功する言語は、言表しえないもの、保管しえないものである。そこでは、それを話す主体たちのあとに生き残るひとつの言語が、言語のこちら側に残っている話す者（un parlante che resta al di qua della lingua）と一致する。その言語は、レーヴィがツェラーンの作品のなかで「底の雑音」として増大していくのを感じた「闇」であり、語られたものの図書館のなかにも言表されるものの古文書館のなかにも自分の席をもたないフルビネクの非－言語（mass-klo, matisklo）である。わたしたちが夜に見上げる星空のなかで星は濃い闇に取り巻かれて輝いており、宇宙論の学者たちによれば、星は星がまだ輝いていなかった時代についての証言にほかならないのと同じように、証人の言葉はかれがまだ言葉を話していなかった時代について証言しており、人間の証言はかれがまだ人間でなかった時代について証言している。同様の説によれば、膨張する宇宙において、もっとも遠いところにある銀河は、それの発する光よりも速い速度でわたしたちのもとから遠ざかっていて、その光はわたしたちのもとに届くことができず、このため、わたしたちが空に見る闇はその光の不可視性にほかならないのと同じように、レーヴィのパラドックスによれば、完全な証人であるのは、わたしたちが見ることのできない者、すなわち回教徒なのである。

4－12　残りのもの（resto）というのは、神学的－メシア思想的な概念である。旧約聖書の預言書によれば、救われるのは、イスラエルのすべての民ではなく、残りの者である。それは、『イザヤ書』ではšeʾar Jisraʾel、すなわちイスラエルの残りの者と記されており、『アモス書』ではšeʾerit Josep、すなわちヨセフの残りの者と記されている。ここにあるのは、預言者たちは、回心して善道に就くよう、全イスラエルに向かって呼びかけていながら、残りの者だけが救われることを告げるというパラドックスである（『アモス書』の五・一五には、「悪を憎み、善を愛しなさい。町の門で正義を貫きなさい。万軍の神、主が、ヨセフの残りの者を憐れむこともあるかもしれない」、また『イザヤ書』の一〇・二二には、「あなたの民、イスラエルが海の砂のようであっても、残りの者だけが救われる」とある）。

ここでは「残りの者」をどのように理解すべきだろうか。重要なのは、神学者たちがかならず指摘しているように、残りの者というのは、単にイスラエルの民の数的な割合を指しているのではないようにおもわれるということである。むしろ、残りの者というのは、終末（エスカトン）、メシア到来のできごと、民の選びにじかにつながれた瞬間に、イスラエルが引き受ける内実である。すなわち、救済との関係のなかで、全体（民）は必然的に残りの者としてみずからを立てることになるのである。

このことは、とりわけパウロにおいて明白である。『ローマ人への手紙』のなかで、旧約聖書からの引用の濃密な編み目をとおして、パウロは、メシア到来のできごとを、イスラエルの民を分割し、それと同時に異教の民をも分割して、かれらをそのつど残りの者の位置に置いていく一連の区切りと考える。「同じように、この今の時にも（en tō nyn cairō ——メシア到来の時をあらわす専用の語句）、恵みの選びによって残りの者（leimma）が産み出されます」（一一・五）。しかし、区切りは、全体から部分を分割するだけでなく（九・六―八「イスラエルから出る者がみなイスラエルなのではなく、またアブラハムから出たからといって、すべてが子供なのではなく、「イサクから出る者があなたの子孫と呼ばれる」のです。すなわち、肉による子供がそのまま神の子供なのではなく、約束にしたがって生まれる子供が子孫と見なされるのです」）、非－民族から民族を分割する（九・二五「それはホセアの書でも言っておられるとおりです。「わたしは、わたしの民でない者をわたしの民と呼び、愛さなかった者を愛する者と呼ぶ。わたしの民ではないとわたしが言ったその場所で、かれらは生ける神の子らと呼ばれる」〕。そして、最後に、残りの者は、以前には全体の分割と喪失を印していたのにたいして、その全体の救済を可能にする救済の装置となってあらわれる（一一・二六「こうして、全イスラエルが救われるのです」）。

残りの者の概念において、証言のアポリアはメシア到来のアポリアと一致する。イスラエルの残りの者は、民全体ではなく、その一部でもなく、全体にとっても部分にとっても、自分自身と一致することの不可能性、また相互のあいだでも一致することの不可能性をまさに意味しているように、そしてメシア到来の時は、歴史上の時でもなければ、永遠でもなく、両者を分割する隔たりであるように、アウシュヴィッツの残りの者——証人たち——は、死者でもなければ、生き残った者でもなく、沈んでしまった者でもなければ、救いあげられた者でもなく、かれらのあいだにあって残っているものである。

4-13　証言をもっぱら回教徒をつうじて定義しようとしているかぎりで、レーヴィのパラドックスはガス室否定論のあらゆる論法にたいする唯一可能な反論を含んでいる。

じっさい、アウシュヴィッツという、証言することのできないものについて考えてみるとどうだろう。あわせて、証言することの絶対的不可能性としての回教徒について考えてみるとどうだろう。もし証人が回教徒のために証言するなら、もしかれが話すことの不可能性を言葉（パロール）にもたらすことに成功するなら——すなわち、もし回教徒が完全な証人として構成されるなら——、そのときには否定論はそれが拠りどころとしている当のものにおいて反駁されることになる。じっさい、回教徒においては、証言することの不可能性は、もはや単なる欠如ではなく、現実となっており、そのようなものとして現存している。もし生き残った者が証言するのがガス室やアウシュヴィッツについてではなく、回教徒のためであるのなら、もしかれがあくまでも話すことの不可能性から出発してのみ話すなら、そのときにはかれの証言は否定されえない。アウシュヴィッツという、証言することのできないものは、絶対的にして反論の余地なく立証されるのである。

　このことが意味するのは、「わたしは回教徒のために証言する」と「回教徒こそは完全な証人である」というテーゼは事実確認的判断でも発話内的行為でもフーコーのいう意味での言表されるものでもないということである。それらのテーゼはむしろ、もっぱら不可能性を介しての言葉(パロール)の可能性を表現しようとしているのであり、こうすることによって、主体のできごととしての言語(ラング)の生起を告げているのである。

4−14　一九八七年、プリモ・レーヴィが亡くなった直後に、〔ポーランドの精神医学者〕ズジスワフ・ヤン・ルインとスタニスワフ・クウォジンスキは『アウシュヴィッツ・ノート』に回教徒をテーマとする最初の論文を発表した。「生と死の境界で——強制収容所における回教徒の現象についての研究」という意味深いタイトルをもっているこの論文は、アウシュヴィッツの元収容者のほとんどすべての証言に当たる八九の証言を収録している。二人の研究者は、かれら元収容者たちにたいして、この「回教徒」という用語の起源、回教徒たちの心身上の特徴、「回教徒化」のプロセスを引き起こした環境、ほかの囚人や役人の回教徒たちにたいするふるまい、回教徒たちの死、回教徒たちの生き残る可能性について、質問表をゆだねたのであった。集められた証言は、すでにわたしたちが知っていることにたいして、本質的なものはなにも付け加えてはいない。ただし、ひとつの個所をのぞいてはである。その個所は、レーヴィの証言ではなく、かれの根本的な前提のひとつを疑問視するものであるように見えるため、わたしたちには格別興味深い。その論文の一節（Ryn et Klodzinski, pp.121-124）は、“Ich war ein Muselmann”、すなわち「わたしは回教徒だった」と題されている。その節には、回教徒の状態のあとに生き残り、いまその状態について語ろうと試みる人々の一〇の証言が収録されているのである。

「わたしは回教徒だった」という表現によって、レーヴィのパラドックスは、そのもっとも極端な定式化に達する。回教徒は完全な証人であるだけでなく、いまやかれはみずから話し、証言するというのである。話す者であるわたしは、回教徒、すなわちけっして話すことのできない者だったというこの極端な定式化は、パラドックスに反していないどころか、パラドックスを正確に立証しているというのはどのような意味か、いまや明らかなはずである。それゆえ、最後の発言はかれら——回教徒たち——に任せることにしよう。

回教徒だったころのことをわたしは忘れることができない。わたしは衰弱し、力尽き、死ぬほど疲れていた。どこを見ても、食べ物があるかのように見えた。パンとスープの夢を見ていたが、目が覚めると、耐えがたいほどの空腹を感じた。一人前のパン、五十グラムのマーガリン、五十グラムのジャム、皮つきのまま煮た四個のじゃがいもを、わたしは最初の晩に受け取ったのだが、もうそれらは過去のものとなっていた。収容棟責任者など、なにかの役に就いている囚人たちは、じゃがいもの皮を投げ捨てていた。じゃがいもをまるごと投げ捨てることさえあった。わたしは、かれらの様子をこっそりと盗み見ては、ごみのなかをあさって、皮を食べようとした。それにジャムをぬると、本当においしかった。豚でさえ、そんなものは食べなかったろうが、わたしは、口のなかに砂しか残らなくなるまで、かみつづけた。〔……〕

ルツィアン・ソビエライ

わたしはほんの短期間だけだったが回教徒だった。収容棟に移送されたあと、わたしは精神的にすっかり崩壊してしまったのを覚えている。崩壊は、次のようにして起こった。全面的な無関心に打ちのめされ、なにものにも関心が向かわず、外部の刺激にも内部の刺激にももう反応しなくなり、からだを洗わなくなった。水不足だったからというだけではない。その機会があっても、洗わなかった。もう空腹さえ感じなくなっていた。〔……〕

フェリクサ・ピエカルスカ

わたしは回教徒だ。肺炎の危険から身を守ろうとして、ほかの仲間たちと同じように、からだを前にかがめるという独特の姿勢をとり、肩胛骨をできるだけ張って、両手で胸板を辛抱強くリズミカルにさすった。ドイツ兵が見ていないときは、そうやってからだを暖めていたのだ。
そのあと、わたしは同僚たちにかつがれて、収容所(ラーガー)に戻る。しかし、わたしたち回教徒の数はますます増えている。〔……〕

エトヴァルト・ソコル

わたしも、一九四二年から一九四三年の初めころまで、回教徒だった。そうであることにわたしは気づいていなかった。大多数の回教徒は自分がこのカテゴリーに属していることに気づいていなかったと思う。しかし、囚人の分別のさい、わたしは回教徒のグループに入れられてしまった。たいていの場合、囚人の外貌から判断して、そのグループに入れられるかどうかが決まった。

イェルジ・モストフスキ

いくらかのあいだでも自分自身が回教徒になったことのない者は、ひとりの人間がこうむる精神的変容がどれほど深部におよぶものか、想像することができないだろう。自分の運命に無関心になって、もうだれからもなにも望まなくなり、静かに死を待つばかりとなるのだった。日々の生存のために闘う力も意欲もなくなった。今日のことで十分であり、配給や、ごみのなかにあるもので満足した。〔……〕

カロル・タリク

〔……〕一般的に言って、通常の状態で生きている人間たちのあいだのちがいとまったく同じちがいが、回教徒たちのあいだにもあったといえる。肉体面のちがいや精神面のちがいのことだ。収容所の状態によって、こうしただれの目にも明らかなちがいが生じた。そして、わたしたちはたいてい、肉体的要因と精神的要因のあいだでの役割の逆転についての証人となった。

アドルフ・ガヴァレヴィチ

この状態があらわれるという予感を、わたしはすでに感じていた。独房のなかで、生きているという感覚がなくなっていくのを経験していたのだ。この世のあらゆることがどうでもよいものとなった。からだの機能が衰えた。空腹にさえ、苦しむことがなくなった。奇妙な甘美さを感じていた。もっとも、わら袋から身を起こす力はもうなかった。かりに身を起こすことができたとしても、バケツのところまで行くのにさえ、壁に寄りかからなければならなかった。〔……〕

ウォジメシュ・ボルコフスキ

わたしは収容所のうちでもっとも苛酷な生のありようを体験した。回教徒の状態という恐怖のことだ。わたしは最初の回教徒のひとりだったのだ。のら犬のように収容所をさまよった。もう一日生き残れさえすれば、あとのことにはもうまったく関心がなかった。わたしは、一九四〇年六月十四日、タルヌフの監獄からの最初の一団とともに収容所にやって来た。〔……〕最初のいくつかの困難を経たあと、わたしは農作業班に入れられ、その年の秋まで、じゃがいもやまぐさの収穫、および脱穀の作業に従事した。突然、この班で事件が起きた。外部の民間人がわたしたちに食べ物を与えているのが見つかったのだ。わたしは懲罰組に送られ、そこでわたしの収容所生活の悲劇が始まった。わたしは力と健康を失う。苛酷な作業が二日続いたあと、前の班の監督囚人(カポ)が、わたしを懲罰組から製材班に移してくれた。そこの作業は以前ほど苛酷ではなかったが、一日中戸外にいなければならず、しかもその年の秋はとても寒かった。いつもみぞれが降って、早くも凍結が始まっていた。

わたしたちは、下着はパンツにシャツ、靴下なしの木靴に布製の帽子と、薄着だった。このような状況で、十分な栄養もとらず、毎日びしょぬれになって凍えていたので、死は免れなかった。〔……〕

この時期に回教徒状態(das Muselmanentum)が始まり、それは戸外で作業をするあらゆる班に広がった。回教徒は、だれからも軽蔑され、仲間からも軽蔑される。〔……〕回教徒の感覚は鈍くなり、まわりにあるものはまったくどうでもよいものとなる。もうなにも話すことができなくなり、祈ることさえできなくなる。天国も地獄も信じなくなる。自分の家のこと、家族のこと、収容所の仲間のことを考えなくなる。

ほとんどすべての回教徒は収容所で死んだ。わずかな割合の者だけがその状態を脱することができた。幸運によるものか、神のご加護によるものか、一部は解放されることができた。こうして解放されたために、わたしはどのようにして自分がその状態を抜け出すことができたのかを述べることができるのだ。

〔……〕いたるところに回教徒の姿が見えた。かれらはやせ細って汚い格好をしていた。肌と顔は黒ずみ、視線はうつろになり、眼はくぼみ、服はすり切れ、ぬれていて、悪臭を放っていた。足取りはおぼつかなく、緩慢で、行進のリズムに合わせられない。〔……〕かれらは、思い出と食べ物のことだけを話した。昨日、スープのなかに何切れのじゃがいもが入っていたか、肉は何口分だったか、スープは濃かったか、それともほとんど水だったか、ということを。〔……〕家から届く手紙も慰めにならず、家に帰れるという幻想を抱くことはもうなかった。一度でよいから満腹を味わいたいと思い、小包を待ちこがれた。わたしたちは、パンのくずやコーヒーのかすを手に入れるために、調理場のごみくずをあさることを願った。

回教徒は、のらくらと作業していた。あるいはむしろ、作業をしているふりをしていた。一例をあげよう。製材所で作業をするとき、わたしたちは、切れ味の悪いのこぎりをさがした。それなら難なく使えたからで、よく切れるかどうかはどうでもよかった。わたしたちは、いつもこのようにして、まる一日、作業をしているふりをし、一本も切らなかった。釘をまっすぐにしなければならないときにも、そうするかわりに、ハンマーでかな床をずっとたたいていた。ただし、だれにもそんなところを見られないように、いつも気をつけていなければならず、これはこれで疲れることだった。回教徒はなにも目的をもっておらず、なにも考えずに作業し、なにも考えずに動き、少しでも多くのスープ、少しでも濃いスープを受け取れる順番に並ぶことだけを願っていた。回教徒は、料理長が鍋からスープをくみ出すときに、上の層からくむのか、下の層からくむのか、食い入るようにかれの仕草を見守った。急いで食べて、もう一人前にありつくことしか考えていなかったが、そのようなことはけっして起こらなかった。もう一人前を受け取るのは、もっと多く、もっとよく働いて、料理長の覚えがめでたい者たちだった。〔……〕

回教徒はほかの囚人から避けられていた。回教徒とは、共通の話題はなにもなかった。というのも、回教徒は食べ物のことばかり空想し、食べ物のことしか話さなかったからだ。回教徒は「優等な」囚人を好まなかった。その囚人から食べ物を手に入れることができないかぎりは。かれらは自分と同じような仲間のグループを好んだ。というのも、そこにいれば、パン、チーズ、ソーセージを、たばこや、その他の食べ物と容易に交換することができたからだ。かれらは医務室に行くことを恐がり、病気だとはけっして公言しなかったため、よく作業中に突然倒れた。

わたしは、作業班が五人ずつ隊列を作りながら作業場から戻ってくるのを、いまもまざまざと思い出す。最初の隊列は、オーケストラのリズムに歩調を合わせながら行進してきた。そのあとに来る五人は、もう早くも歩調を合わせることができず、さらにそのあとの五人は、たがいに寄りかかっており、最後の隊列になると、まだ元気な四人が、死にかかっている五人目の腕と足を抱えていた。〔……〕

すでに述べたように、一九四〇年に、わたしは、せめてじゃがいもの皮だけでも手に入れたいと願って、のら犬のように収容所をうろついていた。製材所の近くにある穴のなかに降りていこうとしたことがある。そのなかでは、豚などの動物の飼料を作るために、じゃがいもの発酵が始められていた。仲間たちは、サッカリンを塗った生のじゃがいもの薄切りを食べた。その味は梨に似ていた。わたしの健康状態は日に日に悪化した。足に潰瘍ができて、もう生きる望みを失っていた。ただ奇跡だけを願っていた。といっても、精神を集中して、一心に祈る力は残っていなかったが。〔……〕

このような状況にあったとき、ある委員たちがわたしに目を留めた。最後の点呼のあと、収容棟に入ってきたSSの医師団だと思う。三人か四人が入ってきて、とくに回教徒に関心を示していた。わたしには、足にできた水ぶくれのほかに、くるぶしに卵の大きさの腫れがあった。このため、かれらは手術を指示して、わたしをほかの者たちといっしょに第九収容棟（旧第十一収容棟）に移した。わたしたちは、一般の者と同じ食べ物を受け取ってはいても、作業をしには行かなくなり、一日じゅう休むことができた。収容所の医師たちが訪れて、わたしは手術を受けた。この手術の跡は今でも残っている。そして、わたしは快復した。わたしたちは点呼に出なくてよく、中は暑いくらいで、みな元気だった。しかし、ある日、その収容棟を担当するSSの隊員たちがやって来た。かれらは、空気がむっとするので、すべての窓を開けるように言った。一九四〇年の十二月のことだった。〔……〕ほんの数分後、みな寒さのために震え出すと、かれらは、わたしたちのからだが暖まるよう、部屋じゅうを走らせた。わたしたちは汗びっしょりになった。すると、かれらは「すわれ」と言い、全員が走るのを止めた。からだがまた冷えて、寒くなった。それから、また走らされた。一日じゅう、これがくり返された。

この状況を考えて、わたしはそこを抜け出そうと決心し、診察の訪問を受けるさいに、快復していること、元気なので働きたいことを伝えた。そして、そのとおりになった。わたしは、第十収容棟（現在の第八収容棟）に移された。新参者しかいない部屋に入れられた〔……〕。古参の収容者として、わたしは収容棟責任者に気に入られ、かれはわたしを収容者の模範に担ぎ上げた。〔……〕その後、わたしは農作業班に移され、牛小屋に入れられた。ここでも、仲間の信頼を獲得し、追加配給食、ビート、黒砂糖、豚小屋からはスープ、また牛小屋からはたくさんの牛乳、そして暖かさを獲得した。こうして、わたしは立ち直り、回教徒状態を脱した。〔……〕

回教徒だったころのことは、記憶のなかに深く刻みこまれている。一九四〇年の秋に製材班で起こったあの事件のことはまざまざと覚えており、のこぎり、積み重ねられた丸太、収容棟、たがいに暖めあう回教徒たち、かれらの仕草がまだ目に浮かぶ。〔……〕回教徒の末路は、つぎのような収容所の歌で言われているとおりだった。

回教徒よりひどいものがあるか。
かれに生きる権利があるというのか。
踏みつけられ、ぶつかられ、たたかれるために、そこにいるのではないのか。
かれは、のら犬のように収容所をうろつく。
みながかれを追い払うが、かれの救いは火葬場だ。
ほら、衛生隊がかれを処分しに来たぞ。

ブロニスワフ・ゴシチンスキ

〔……〕

（以下を欠く）✣

✣ この「以下を欠く（Residua desiderantur）」という語は、スピノザ最晩年の未完の著作『政治論』の末尾の語を借用したものと推察される。本書序言でも、同じくスピノザの『幾何学の流儀で証明されたエチカ』をもじって、〈アウシュヴィッツの流儀で証明されたエチカ〉との自己規定がなされていたことをも想起されたい。

解説

証言について——アウシュヴィッツの「回教徒」からの問いかけ

上村忠男

本書の著者のジョルジョ・アガンベンは、かねてよりフランスをはじめ国際的にも注目されてきたイタリア人批評家である。一九四二年ローマの生まれで、批評家としての実質上のデビュー作は『スタンツァ――西欧文化における言葉とファンタスマ』*Stanze. La parola e il fantasma nella cultura occidentale*（一九七七年）。その後の著作も『幼年期と歴史』*Infanzia e storia*（一九七八年）、『思考の終焉』*La fine del pensiero: La fin de la pensée*（一九八二年）、『言語活動と死』*Il linguaggio e la morte*（一九八二年）、『散文の理念』*Idea della prosa*（一九八五年）と続いていることからもうかがえるように、もともとは美学畑の批評家であった。『スタンツァ』については、邦訳『スタンツェ――西洋文化における言葉とイメージ』（岡田温司訳、ありな書房、一九九八年）に接して、そのブリリアントな才気に舌を巻いた読者も少なくないのではないかとおもう。若いときから親炙してきたヴァルター・ベンヤミンのイタリア語版著作集の編集にかかわっているほか、一九九三年にはジル・ドゥルーズの『バートルビー』論（一九八九年）を併載して共著の体裁をとった『バートルビー――創造の定式』*Bartleby. La formula della creazione*も出している。現在教授職にあるヴェローナ大学でも、カリキュラム上の担当科目は「哲学・美学」であるという。

ところが、ソ連・東欧の社会主義体制が崩壊して「歴史の終わり」（フランシス・フクヤマ）が云々されるような時代がおとずれたことが直接の契機であったようであるが、この気鋭のイタリア人批評家は、右の諸著作において展開してきた〈言語活動〉に照準を合わせたヨーロッパ的人間の条件についての美学的考察を拠りどころとしながらも、やがて仕事の重心を〈政治〉についての哲学的考察へと移動させていく。「アイデンティティなき単独性」のみにもとづく共同性、なんらかの属性によって帰属が決定されるのではなくて、およそいっさいの属性にたいするまったくの無関心のもとで、各自がなんであれ現にあるようなものとしてあるという事実の分有のみにもとづいて成立しているような共同体の構想を提示した『到来する共同体』*La comunità che viene*（一九九〇年）という一種マニフェスト的な著作を嚆矢に、先般『人権の彼方に』という標題で邦訳（高桑和巳訳、以文社、二〇〇〇年）の出た『目的のない手段――政治にかんするノート』*Mezzi senza fine. Note sulla politica*（一九九五年）に収録されている諸論考を経て、目下『ホモ・サケル』*Homo sacer* 三部作となって実を結びつつある考察がそれである。

『ホモ・サケル』と総題されたプロジェクトにおいてアガンベンがとり組もうとしているのは、ミシェル・フーコーが『性の歴史』の第一部『知への意志』（一九七六年）において「生政治」と名づけて解明に着手した政治のありようである。

アリストテレスの『政治学』を生んだ古典古代のギリシアにおいては、すべての生物的存在に共通の「生きている」という一般的事実を表現するゾーエーと、あれこれの個体や集団に特有の「生の形式」を指すビオスとのあいだには、明確な区別があった。そして、人間に特有のビオスがいとなまれる場がポリスにほかならないのであった。ところが、近代においては、ゾーエーがポリスの領域に侵入してくる。というか、政治はゾーエー、すなわち人びとの生物学的な意味においての生そのものの管理をみずからの統治行為の中心に置くようになる。フーコーは書いている。《人間は数千年のあいだ、アリストテレスにとってそうであったもののままでいた。すなわち、まずもっては生きている動物であり、それに加えて、政治的生活をなしうる動物であった。これにたいして、近代的人間はどうかといえば、その生にかんして、生きているということそのものが政治的な問題となるような、そのような政治のなかにいる動物なのである》。このようにして人びとの生物学的な意味においての生、あるいは「生きているということ」そのものをみずからの統治行為の中心に置くようになった政治――これをフーコーは「生政治 (bio-politique)」と名づける。そしてこれの解明に着手したのであるが、『ホモ・サケル』三部作の第一部『ホモ・サケル――主権的権力と剝き出しの生』*Homo sacer. Il potere sovrano e la nuda vita*（一九九五年）の序論によれば、この「生政治」のありようを解明することこそがアガンベンにとってもまた主題であるようなのである。このかぎりにおいて、アガンベンのプロジェクトはフーコーが『性の歴史』において着手しながら完遂することなく他界してしまった「生政治」をめぐる考察を受け継いで完遂しようとしたものであると、ひとまずは受けとめることができる。

ただ、フーコー自身は「生政治」を近代に特有の新しい政治の形態であるとみるとともに、この新しい政治のありようをとらえるには法制度的モデル（主権の定義とか国家の理論）にもとづいた伝統的アプローチは無効であるとして、それらの伝統的アプローチを全面的に放棄したところで、権力が臣民たちの身体とかれらの生物学的な意味においての生のいとなみの内部に侵入していく具体的な様態についての個別的かつ微視的な分析に入っていこうとしたのにたいして、アガンベンはむしろ、権力の法制度的モデルと生政治的モデルとのあいだには隠された交点が存在することに注意をうながす。それもおよそ政治的権力なるものが古代ギリシア＝ローマの世界に登場したそもそもの初めからである。

この権力の法制度的モデルと生政治的モデルとのあいだに古来存在してきたと目される隠された交点の所在をつきとめようとするにあたってアガンベンが着目するのは、プロジェクトの総題にも採用されている「ホモ・サケル」なるローマの古法に登場する存在である。

記録に残っているところによれば、親に危害を加えたり、境界石を掘り起こしたり、客に不正を働いたりした者を処罰しようとするにあたって、その者のことを古代のローマ人は「ホモ・サケル（homo sacer）」――「聖なる人間」――と呼んでいたという。ただし、処罰するとは言っても、この者の場合には、法律が適用されるわけではない。この者の場合には、単純に法律の適用から外されるのである。「聖なる人間」と呼ばれるのは、この事情によっている。すなわち、世俗の法秩序の外にある存在という意味で、そう呼ばれたのである。ひいては、この者にかんしては、だれもが法律上の殺人罪に問われることなく殺害することができるとされた。しかも、まさしく聖なる存在としてそれ自体がもともと神と同類であるとみなされるがゆえに、この者は祭儀上の手順を踏んで神に犠牲として供されることもできないのであった。

この殺害可能で犠牲化不可能なホモ・サケルなる存在が置かれていたような裸のまま法的保護の外に投げ出された生のありようを指して、アガンベンは、ベンヤミンが「暴力批判論」（一九二〇－二一年）のなかで用いている“das bloße Leben”という言い回しから採ってきて、“la nuda vita”――「剝き出しの生」――と呼ぶ。とともに、つぎには、このようなホモ・サケルの「剝き出しの生」が当時の法的－政治的共同体とのあいだにとり結んでいた関係にはカール・シュミットが

『政治神学』(一九二二年)において分析している主権のありようとのあいだにトポロジカルな相同性が見られることに注目する。同書の冒頭でシュミットは「主権者とは例外状態にかんして決定をくだす者をいう」と定義しているが、そこでいわれる「例外(exceptio)」とは「外へと排除しつつ捕捉する(ex-capere)」ことであるとすれば、この〈排除をつうじての包含〉という構造はそのままにまたホモ・サケルの「剝き出しの生」が当時の法的‐政治的共同体とのあいだにとり結んでいた関係でもあるのではないか、というわけなのだ。じっさいにも、例外状態にかんして決定をくだす主権者は、みずからが決定をくだした例外状態において法律を宙吊りにし、法律が宙吊りになった状態のもとで、法的保護の外に投げ出された臣民たちの「剝き出しの生」にたいして、これまた古くから家父長たちが自分の息子らにふるっていたのと同様の生殺与奪の権をふるう。つまりは「生政治」をおこなうのである。

このように、アガンベンによれば、従来権力の法制度的モデルのなかでとらえられてきた主権的権力はもともとその支配下にある人びとの「剝き出しの生」との密接不可分な関係のうちにあってみずからを存立させていたのであり、「生政治」はおよそ政治的権力なるものの生誕当初からの——秘匿されてきたとはいえ——本源的な姿にほかならないのであった。

したがってまたアガンベンによれば、近代における政治の特徴をなしているのは、ゾーエーがポリスに包含されるようになったという事実そのものではない。そうではなくて、もともとは法的‐政治的な共同体の秩序の欄外＝余白に位置していた「剝き出しの生」の空間がしだいに政治の空間そのものと一致するようになり、排除と包含、外部と内部、ビオスとゾーエー、法権利と事実のあいだの区別が定かではなくなって、いかんともしようのない不分明地帯に突入するにいたったという事実——この事実こそが近代における政治のきわだった特徴をなしているのであった。

しかも、これには近代のデモクラシーが大きくかかわっているというのが、アガンベンの判断である。《万事は、まるで生物学的な生を生きている存在としての人間を国家権力がみずからに特有の対象とせんがために推進する規律化の過程が進行するのと歩調を合わせて、もうひとつの過程が始動させられるにいたったかのようにして、進展していく。こちらのほうの過程は大まかにいって近代のデモクラシーの誕生と合致する。そして、そこでは、生物学的な生を生きている存在としての人間は、もはや政治的権力の対象としてではなくて、主体として立ち現われるのである。これら二つの過程は多くの面で対立する関係にあり、（すくなくとも外見上は）相互に激しく抗争しあっているが、しかしながら、いずれの場合にあっても問題になっているのは市民の剝き出しの生であり、人類の新しい生政治的な身体であるという点においては一致している。／したがって、なにか古典古代のデモクラシーにたいして近代のデモクラシーを特徴づけているものがあるとすれば、近代のデモクラシーは最初からゾーエーの権利要求と解放の運動として登場しているということ、近代のデモクラシーは剝き出しの生そのものを生の形式に仕立てあげようとして、言ってみればゾーエーのビオスを見いだそうとして、不断の努力をしているということが、それである》。

そして、アガンベンによれば、近代のデモクラシーが——早くはすでにフランス革命直後にトクヴィルが当時のフランスの政治的現実と同時代のアメリカ社会のうちに見てとって、現代の「スペクタクルの社会」にかんするギー・ドゥボールの分析において最終的な確認を得ることとなったように――やがて全体主義的な体制へと収斂していったとすれば、それはそのようにしてゾーエーの権利要求と解放の運動として登場した近代のデモクラシーに特有のアポリア、すなわち、《近代のデモクラシーが人間たちの自由と幸福をかれらの隷従を印づけてきた場所そのもの――「剝き出しの生」――のうちに賭けようとしたこと》に起因しているのであった。《わたしたちの政治は今日、生以外の価値を知らない。このことがはらんでいる諸矛盾が解決されないかぎり、剝き出しの生にかんする決定を最高の政治的基準にしていたナチズムとファシズムは、悲惨なことにも、いつまでも今日的なものでありつづけるであろう》。こうアガンベンはプロジェクトの第一部『ホモ・サケル――主権的権力と剝き出しの生』の序論を締めくくるにあたって警告を発している。

さて、このたび本書に訳出した『アウシュヴィッツの残りのもの――アルシーヴと証人』*Quel che resta di Auschwitz. L'archivio e il testimone*（一九九八年）は、この『ホモ・サケル』なるプロジェクトの第一部『ホモ・サケル――主権的権力と剝き出しの生』につぐ第三部である（第二部は未刊）。ひいては、主題も、第一部と同様、「生政治」である。第一部『ホモ・サケル――主権的権力と剝き出しの生』では、全体で三章からなるうちの第一章と第二章においてそれぞれ「主権の論理」と「ホモ・サケル」なる形象についての考察がなされたのち、第三章においては、収容所こそが「近代的なものの生政治的な範例」をなしているとして、その諸相が素描されていた。第三部にあたる『アウシュヴィッツの残りのもの――アルシーヴと証人』では、この第一部の第三章における叙述を受けて、そのようにして「近代的なものの生政治的な範例」をなすと目された収容所のうちでも極限的なケースであるアウシュヴィッツのユダヤ人強制／絶滅収容所の現実――とりわけ、同収容所で「回教徒 (Muselmann)」と呼ばれていた人びとの態様に即しつつ、考察をさらに深化させることが企図されている。

アウシュヴィッツでは、収容された者たちの多くが、状況のあまりの苛酷さというか法外さのなかで、短期間のうちに心身ともに疲労し衰弱していった。そして、もはや人間的なものと非人間的なもののあいだの区別がつかなくなってしまうような閾に落ちこんでしまった。そのような者たちを指してアウシュヴィッツでは「回教徒」と呼んでいたという。かれらが「回教徒」と呼ばれたのは、その虚脱状態にあっての機械的な所作が回教徒の礼拝の姿に似ているということから、あるいは運命の受け入れ方が回教徒のそれに似ているということからであったようであるが、そうした「回教徒」のひとりを目にしたときの様子をアウシュヴィッツからの生還者であるジャン・アメリーは『罪と罰の彼岸――ある敗北者の清算の試み』（一九七七年）に収録されている「精神の限界」という論考のなかで《かれはよろよろと歩く死体であり、身体的機能の束が最後の痙攣をしているにすぎなかった》と報告している。また同じくアウシュヴィッツからの生還者であるプリモ・レーヴィも、ほかでもないそうした「回教徒」たちのことを思い浮かべつつ、生還直後の一九四七年に世に問うたアウシュヴィッツ体験記に『これが人間か』というタイトルを付けるとともに、かれらのことを同書のなかで《神の火花が自分のなかで消えてしまい、本当に苦しむことはできないくらいにすでに空っぽになっているため、無言のまま行進し働く非－人間(non-uomo)たちの、たえず更新されてはいるがつねに同一の匿名のかたまり》というように表現している。そして書いている。《ガス室に向かっていく回教徒は、みな同じ物語をもっている。いや、もっと正確に言えば、物語をもっていない。〔……〕かれらの死を死と呼ぶのはためらわれる。というのも、かれらは疲弊しきっているために死を理解することができないので、死を前にしても恐れることがないからである》と。

そのようなアウシュヴィッツの「回教徒」たちの姿態のうちにアガンベンは「近代的なものの生政治的な範例」の極限的なケースにあって人びとが強いられることとなった生の極北のかたちを見てとる。《回教徒が何者であるのか、あるいは何物であるのかをまず理解するまでは、〔……〕わたしたちはアウシュヴィッツがなんであるのかを理解することはないだろう》。こう指摘したうえでアガンベンは書いている。《回教徒は、ある場合には、非－生者として、その生が本当の生ではなくなった者としてあらわれ、またある場合には、その死を死とは呼ぶことができなくなって、死体の製造としか呼ぶことができなくなった者としてあらわれる。すなわち、生のうちへの死の領域の内接、死のうちへの生の領域の内接としてあらわれるのである。どちらの場合においても、〔……〕問題に付されているのは人間の人間性そのものにほかならない。回教徒は、執拗に人間としてあらわれる非－人間なのであり、非－人間的なものと区別することのできない人間的なものなのである》。そして、ここにいたっては人間の尊厳をはじめとする従来の倫理的価値のおよそいっさいが失効を宣告されるとして、アウシュヴィッツにおいてその極限の姿をあらわにするにいたったかにみえる「生政治」の現実を踏まえた新しい倫理を開拓することが要請されることをつぎのように述べている。《いかなる想像もおよばないくらいに尊厳と上品さが失われうるということ、零落の極みにあってもなお生が営まれうるということ——このことが、生き残った者たちが収容所から人間の国にもち帰る残酷な知らせである。そして、この新しい知識が、いまや、あらゆる道徳とあらゆる尊厳を判断し測定するための試金石となる。そのもっとも極端な定式化である回教徒は、尊厳が終わったところで始まる倫理もしくは生の形態の番人である》。この要請に応えるべく新しい倫理の地にいくつかの探りを入れることに『ホモ・サケル』の第三部におけるアガンベンの主要な努力は差し向けられているのである。

ちなみに、このような第三部におけるみずからの企図をアガンベンは序言においてスピノザの『幾何学の流儀で証明されたエチカ』にならって『アウシュヴィッツの流儀で証明されたエチカ』と称している。そして、アウシュヴィッツのユダヤ人強制／絶滅収容所における「生政治」の実態をとりわけ同収容所で「回教徒」と呼ばれていた者たちが追いやられていた人間的なものと非人間的なもののあいだの区別が不分明になってしまう閾のうちに探ったのち、その現代におけるホモ・サケルと呼ばれるにふさわしい「回教徒」たちの証言をポーランドの精神医学者ズジスワフ・ヤン・ルィンとスタニスワフ・クウォジンスキの論考「生と死の境界で——強制収容所における回教徒の現象についての研究」（『アウシュヴィッツ・ノート』第一巻、一九八七年）から抜粋して列挙した著作の最後をも、これまたスピノザ最晩年の未完の論考『政治論』の末尾に記されている「以下を欠く（Residua desiderantur）」という語でもって、つまりは開いたままに、閉じている。注意をうながしておきたい。

しかしまた、第三部は第一部において考察の対象とされたことがらのたんなる拡大敷衍ではない。「生政治」へのフーコー自身のアプローチとフーコーの問題提起を受けたアガンベンの『ホモ・サケル』におけるアプローチとのあいだにはさきに見たような視座そのものの修正をともなった批判的継承の存在を指摘しうるのと同様、『ホモ・サケル』の第一部と第三部とのあいだにも対象領域のたんなる拡大敷衍にとどまらない新たな展開の存在を指摘することができるのである。第三部は――サブ・タイトルからもうかがえるように――とりわけ証人論ないしは証言論というかたちをとっているというのがそれである。もっとも、アウシュヴィッツを考察の対象とするとき、それが証人論ないしは証言論というかたちをとらざるをえなくなるというのは、それ自体としては自然なことであろう。しかしながら、その理由というのが、アガンベンの場合にはなんとも意表をついたものであるのだ。

アウシュヴィッツを考察の対象とするときにそれが証人論ないしは証言論というかたちをとらざるをえなくなる理由としてこれまで一般に指摘されてきたのは、アウシュヴィッツをユダヤ人の文字どおり物理的な絶滅を意図した「死の収容所」であった点に見さだめたところからのものであった。アウシュヴィッツが絶滅収容所であったのだとすれば、その絶滅の真実――具体的にはガス室の存在――を証言しうる目撃者自身は目撃の瞬間に当のガス室のなかで死んでしまったものと想定される。そして一方、生き残った者たちはガス室の内部でのできごとは目撃していないのだから、かれらには目撃証人としての資格が決定的に欠如していることになる。このような意味での証言のアポリアが問題の焦点をなしてきたのである。

これにたいしてアガンベンが探ろうとしているのは、あくまでも「近代的なものの生政治的な範例」をなす収容所のなかでも極限的なケースであったと目されるアウシュヴィッツにおける「生政治」の実態である。したがってまた、アガンベンが関心をよせるのは、アウシュヴィッツがガス室と焼却炉を備えた「死の収容所」であって、そこでは目撃証言者としての資格を有する当事者たちが文字どおり物理的に跡形もなく消し去られてしまったという事実そのものではない。この事実もさることながら、むしろ、ガス室に向かう一歩手前のところで極限状態に追いやられていた人びとの生の真実、それも生と死のはざま——というよりは人間的なものと非人間的なもののあいだの区別がもはやつかないような閾に落ちこんでしまった人びとの生の真実、つまりはアウシュヴィッツで「回教徒」と呼ばれていた人びとの生の真実こそが、アガンベンの関心事なのである。ひいては、その証人論ないしは証言論も、もっぱら、そのような「回教徒」たちの生の真実へと照準を合わせたところからのものである。そして、ここからは、アウシュヴィッツをユダヤ人の文字どおり物理的な絶滅を意図した「死の収容所」であった点に見さだめたところから導き出されてきたのとはまた別種の証言のアポリアが浮かび上がってくるのであった。

なかでもアガンベンが注目するのは、生き残り証人の典型と目されるプリモ・レーヴィが、アウシュヴィッツから生還して四十年後にみずから命を絶つ前年の一九八六年に公刊した『沈んでしまった者と救いあげられた者』のなかで、つぎのように言い遺していることである。《わたしたち、生き残って証言する者は、本当の証人ではない。〔……〕わたしたちは、不正のゆえに、あるいは能力のゆえに、あるいは幸運のゆえに、底に触れることのなかった者たちなのである。底に触れた者、ゴルゴンを見てしまった者は、戻ってきて語ることはなかった。あるいは、戻ってきたとしても、黙していた。しかし、かれら、「回教徒」、沈んでしまった者たちこそは、完全な証人であり、包括的な意味内容をもった証言ができたはずの者である。〔……〕運がよかったわたしたちは、自分の運命についてだけでなく、他人の運命についても、そう、沈んでしまった者たちの運命についても、多少の知恵を働かせて語ろうとした。しかし、それは「第三者の立場からの話」、身をもって体験せずに傍から見たことについての話だった。完遂された破壊、なしとげられた作業については、だれも語ってこなかった。戻ってきて自分の死について語ることはだれにもけっしてできないのだ。それだけでない。沈んでしまった者たちは、たとえ紙とペンをもっていたとしても、証言することはなかっただろう。というのも、かれらの死は、身体的な死よりも前に始まっていたからである。死ぬよりも数週間前、数か月前に、かれらはすでに観察し記憶し比較考量し考えを述べる力を失っていた。わたしたちは、かれらの代わりに、代理として語っているのである》。

これは生き残った者を支配している恥ずかしさの感情について考察した章のなかに出てくる述言である。その章のなかで、レーヴィ自身は、他の多くの生き残りたちと同様、この生き残った者を支配している恥ずかしさの感情を罪の意識、すなわち他人の代わりに生き残ってしまったことの負い目意識によるものであると説明している。しかし、アガンベンはこのような説明に疑問を差し挟む。そして、エマニュエル・レヴィナスが一九三五―三六年に書いた「逃走について」という論考のなかで恥ずかしさについて分析して《恥ずかしさのうちにあらわになっているのは、まさしく、自己自身に釘づけにされているという事実、自己自身から逃れて隠れることの根本的な不可能性、自己自身のもとへの自我の容赦ない現前である》と指摘しているのを手がかりにして、生き残った者を支配している恥ずかしさの感情はむしろ自我が引き受けることのできない受動性へと引き渡されることに起因する一種の自己触発的な存在論的感情なのであり、それは人間存在における主体化と脱主体化という二重の運動のなかで生じてくるのだとする。恥ずかしさの経験において生き残りたちが眼前にしているのは、自己自身の破産、主体としての自己の喪失＝脱主体化である。が、自分のものではなくなって脱主体化されたこの存在は、自己自身のもとへの自我の極端で執拗な現前でもある。《あたかも、わたしたちの意識がどこまでも崩れ、こぼれ出ていきながら、それと同時に、さからえない命令によって、自分の崩壊に、絶対的に自分のものでありながら自分のものでないものに、いやおうなく立ち会うよう呼びつけられているかのような》状態――脱主体化の運動と主体化の運動とがたがいに一致をみることはないままに交錯するこのような状態のもとにあって生じてくる自己触発的な存在論的感情、それが恥ずかしさにほかならないというのである。しかも、アガンベンがキーツから異名で多くの作品を発表したことで知られるポルトガルの詩人フェルナンド・ペソア、さらにはまた言語学者エミール・バンヴェニストの言表 (énonciation) の理論までを狩り出して論証に努めているところによれば、このようにして主体が引き受けることのできない受動性へといかんともしがたく引き渡される脱主体化の経験というのは、古来人間をして人間たらしめている条件であるとかんがえられてきた〈言葉を話す〉という行為に本来的な経験であるのであった。

したがって、アガンベンによれば、右に引いたくだりにおいてアウシュヴィッツの「回教徒」たちとのあいだに生き残った者たちがとり結ぶことを余儀なくされているとレーヴィの指摘する〈代理証言者〉としての関係についても、そこにわたしたちが見てとるべきであるのは、生き残った者たちの「回教徒」たちにたいする負い目意識であるよりは、主体が引き受けることのできない受動性へといかんともしがたく引き渡されようとしている、そのような脱主体化の経験であるということになる。ひいては、証言の主体は脱主体化の主体であるのであって、証人は脱主体化をこそ証言するのだということである。

じつのところ、まずもっては、話すことはできるが自分の身にかかわることとしては語るべきものをなにももっていない生き残った者と、「底に触れた」ために語るべきことをたしかにもっているが脱主体化して非-人間となってしまって話すことはできない「回教徒」と、ここではいったい、どちらが証言の主体なのか。一見したところでは、生き残った者が「回教徒」について証言しているようにも見える。しかし、生き残った者が証言するのはあくまで「回教徒」の代理としてであるという。とすれば、代理を委託された者の行為は代理を委託する者に帰属するという法律の原理にしたがって、「回教徒」こそが証言していることになる。が、そうであってみればどうであろう。「回教徒」こそが本当の証人なのであり、生き残って証言する者はその代理としてでしかないのであってみれば、このことは、人間のもとで本当に証言しているのは脱主体化した非－人間であるということ、人間は非－人間の受託者にほかならず、非－人間に声を貸し与える者であるということを意味していることにならないだろうか。いいかえれば、人間はつねに人間的なもののこちら側か向こう側のどちらかにいるのである。人間とは中心にある閾であり、その閾を人間的なものの流れと非人間的なものの流れ、主体化の流れと脱主体化の流れ、たんに生物学的な生を生きているだけの存在が言葉を話す存在になる流れと言葉を話す存在がたんに生物学的な生を生きているだけの存在になる流れがたえず通過する。これら二つの流れは、外延を同じくするが、一致することはない。この結合の非－場所において生起するものこそが証言にほかならない。こうアガンベンは「回教徒こそは完全な証人である」というレーヴィの述言にはらまれているパラドクシカルな含意を読み解こうとするのである。この読解にあてられた『ホモ・サケル』の第三部『アウシュヴィッツの残りのもの――アルシーヴと証人』の第3章は圧巻というほかなく、二読、三読に値するといってよい。

それにしても、脱主体化の主体であるとはどういう事態のことなのであろうか。どのようにすれば主体はみずからの破産について説明することができるのであろうか。

ここでアガンベンは『アウシュヴィッツの残りのもの――アルシーヴと証人』の最終第4章においてフーコーに、ただし、今回は『性の歴史』の第一部『知への意志』において「生政治」の概念を提出してアガンベンの『ホモ・サケル』なるプロジェクト全体の着想源となったフーコーではなくて、同書に先立つこと数年前の一九六九年に公刊された『知の考古学』において――あたかも同年路上で倒れて失語症に陥ったまま七年後に他界したバンヴェニストの例の言表(énonciation)の理論を引き継ぐかのようにして――言表されるもの(énoncé)の理論をうち出したフーコーに立ち戻る。そして、同書でアルシーヴとラング、さらにはパロールの総体としてのコルピュスという三者間の関係についてフーコーのあたえている説明のうちに解答の糸口を見いだそうとする。

フーコーは、『知の考古学』のなかで、言表の次元に相当する実定性の次元を「アルシーヴ(archive)」と呼んでいる。それは狭い意味での古文書館――すでに語られたことの痕跡を分類して保管した場所――のことではなくて、言説(discours)上のできごとを定義する諸規則の総体であり、言表されるものの形成と変形の一般的システムである。そのようなものとして、アルシーヴは、可能なあらゆる文――語ることのさまざまな可能性――を構築するシステムとしてのラング(langue)と、すでに語られたこと、実際に話されたか書かれたパロールの総体を集めたコルピュス(corpus)とのあいだに位置する。このアルシーヴのうちにフーコーは自分の足場を据えつける。そして、あらゆる発語行為における語られていないものと語られたもののあいだ、言表の機能とそれが遂行される場所としての言説のあいだ、言語活動の内部と外部のあいだの諸関係のシステムとしての考古学をうち建てようとしたのである。

これにたいして、アガンベンは、このフーコーの作業プランを大筋では受け入れながらも、重心をラングのほうにずらしてみようとする。フーコーがラングとパロールとのあいだに据えつけた足場をラングとアルシーヴのあいだに移してみようとするのである。そして、現におこなわれている言説ないしは言語活動の次元においてだけでなく、語ることの潜勢力（potenza di dire）としてのラングの次元においても、内部と外部を結合してみようとする。そうすれば、ここからはこれまで遂行してきたアウシュヴィッツにおける「回教徒」と生き残り証人との関係の分析のなかでアポリアとしてあらわれていた証言に固有の意義が浮かび上がってくるであろうというのだ。というのも、アルシーヴが語られていないものと語られたもののあいだの諸関係のシステムであるとすれば、《ラングの内部と外部、あらゆる言語における語りうるものと語りえないもの、つまりは語ることの潜勢力とそれの現勢化、語ることの可能性と不可能性のあいだのシステム》こそは証言であろうからである。そして、アルシーヴの構成においてはひとたび言表がなされたのちには言表の主体は言表されるものの匿名のざわめきのうちに消失させてしまってかまわなかったのにたいして、語ることの潜勢力としてのラングとその現勢化、ラングとアルシーヴのあいだの関係にあっては、話すことの可能性そのもののなかにあってパロールの不可能性を証示するものとしての主体を必要とする。このためにこそ主体は証人の姿をしているのだとアガンベンはかんがえるのである。

ところでまたアガンベンはさきに引いたプリモ・レーヴィの述言にある「回教徒こそは完全な証人である」というテーゼの意味するところを《人間とは非‐人間であり、人間性が完全に破壊された者こそは真に人間的である》というように読み解いたうえで書いている。《ここでパラドックスとなっているのは、人間的なものについて真に証言するのが人間性が破壊された者だけであるとするなら、このことが意味するのは人間と非－人間の同一性はけっして完全ではないということ、人間的なものを完全に破壊するのは不可能であるということ、つねにまだなにかが残っているということである。証人とはその残りのもののことなのである》と。最後に注意しておかなければならないのは、この『ホモ・サケル』第三部のタイトルにもなっている「残りのもの（quel che resta）」という用語＝概念がアガンベンにおいてもっている含意である。

それというのも、これは──第４章の末尾に簡潔な説明があたえられているように──聖書に出てくる「残りの者」という用語＝概念を念頭においたものであって、古代イスラエルのユダヤ教徒たちのあいだで育まれたメシアニズムと深いかかわりのある用語＝概念なのである。じっさいにも、その第４章末尾の説明のなかで引かれているように、また著作全体のエピグラフにも採られているように、たとえば『イザヤ書』一〇・二〇－二二にはある。《その日になると、イスラエルの残りの者、ヤコブの家の逃れた者たちは、もう再び自分を撃つ者には頼らず、イスラエルの聖なる方、主に、まことをもって頼るであろう。残りの者、ヤコブの残りの者が、力ある神に立ち帰るであろう。というのも、あなたの民、イスラエルが海の砂のようであっても、そのなかの残りの者だけが救われるからである》。すなわち、預言者たちは、回心して善道に就くよう、全イスラエルに向かって呼びかけていながら、残りの者だけが救われると告げているわけである。そして、この「残りの者」の思想はパウロの『ローマ人への手紙』一一・五－二六における《同じように、この今の時にも、恵みの選びによって残りの者が産み出されます。〔……〕こうして、全イスラエルが救われるのです》という言葉にも影響の跡をうかがうことができるのであるが、アガンベンはこのようなイスラエルの預言者たちの論理のうちにかれ自身がアウシュヴィッツの「回教徒」と生き残り証人とのあいだの関係についてのレーヴィの述言から導き出した証言論ないしは証人論と位相を同じくするものがあるのを見てとろうとするのである。イスラエルの残りの者は、民全体ではなく、その一部でもなく、全体にとっても部分にとっても、自分自身と一致することの不可能性、また相互のあいだでも一致することの不可能性を意味している。そしてメシア到来の時は、歴史上の時でもなければ、永遠でもなく、両者を分割する隔たりのなかにあって残っている時である。これと同じように、アウシュヴィッツの残りの者――証人たち――も、「回教徒」でもなければ、生き残った者でもなく、沈んでしまった者でもなければ、救いあげられた者でもなく、かれらのあいだにあって残っているものであるというわけなのだ。これが『アウシュヴィッツの残りのもの』という『ホモ・サケル』第三部のタイトルにアガンベンが込めている意味にほかならない。『ホモ・サケル』なるプロジェクトにおける「生政治」をめぐっての考察をアガンベンがどのような方向へと開いていこうとしているのか、大方の察しはつこうというものである。

なお、「残りの者」という聖書の鍵概念については、二〇〇〇年夏に公刊されたアガンベンの最新著『残りの時――「ローマ人への手紙」への註釈』*Il tempo che resta. Un commento alla Lettera ai Romani* に立ちいった説明が見られる。

訳者あとがき

本書は、Giorgio Agamben, *Quel che resta di Auschwitz. L'archivio e il testimone* (*Homo sacer III*) (Torino, Bollati Boringhieri, 1998) の翻訳である。翻訳の作業は、フランス語版 *Ce qui reste d'Auschwitz. L'archive et le témoin* (*Homo Sacer III*), traduit par Pierre Alféri (Paris, Editions Payot & Rivages, 1999) および英語版 *Remnants of Auschwitz. The Witness and the Archive* (*Homo Sacer III*), translated by Daniel Heller-Roazen (New York, Zone Books, 1999) をも参照しつつ、ウンベルト・エーコ『完全言語の探求』(平凡社、一九九五年) のときと同様の手順を踏んで、まず廣石が第一稿を作成し、それに上村が手を加えるというかたちで進めた。

なお、献辞中にある「あらゆるものの届くところにいるということはあらゆるものを受け入れることができるということなのです (essere alla portata di tutto significa essere capaci di tutto)」という言葉について出所を著者に確認したところ、これは著者が本書をその思い出に捧げている著者の母ビアンカ・カサリーニ・アガンベンが死の床で著者に遺した言葉であるとのことであった。

そして、著者は、この母の遺した言葉をアウシュヴィッツからの生還者グレーテ・ザールスの「人間は、耐えられることはすべて耐えなければならないなどということはけっしてない」という本書中で著者が二度にわたって引いている言葉に引き寄せて、「もしわれわれがすべてを耐えなければならない状態にさらされたならば、そのときにはわれわれは、善であれ悪であれ、すべてを受け入れるようになってしまうだろう」という意味に受けとっているとのことであった。

最後になるが、理論的水準が高くて思想的にも密度の濃い書物の出版がかつてない苦境に立たされているなかで、本書がこうして日本の読者に供されることとなったのは、ひとえに、このたび新しい出版社「月曜社」を起こした二人の若き編集者、神林豊氏と小林浩氏の熱意によるものである。記して敬意を表させていただく。

二〇〇一年七月

訳者を代表して

上村忠男

［第二刷への訳者後記］

重版にあたって三箇所ばかり誤植の訂正をおこなったほか、著者自身が誤認しているバンヴェニストの没年（一八五頁）にかんして「一九七二年」を「一九七六年」に訂正した。また、2-21（一〇一-一〇二頁）および3-24（一八三-一八四頁）に引用されているグレーテ・ザールスの言葉とそれに関連する部分の訳文を訂正した。

（二〇〇三年二月一五日、上村忠男記）

［第三刷への訳者後記］

一、本訳書にたいしては、二〇〇一年九月末の初版刊行直後から予想以上に熱い反響があり、二〇〇三年六月に第二刷を出したのに続いて、このたび第三刷の運びとなった。その間に出た論評はすでに相当の数に上る。が、それらのなかでも、とりわけ『批評空間』第Ⅲ期第四号（二〇〇二年七月）に寄せられている木村敏氏の「「あいだ」と恥ずかしさ、そして証言」が重要である。

二、二〇〇一年一二月には著者が来日して、立命館大学と東京外国語大学でシンポジウムが開催された。うち、東京外国語大学でのシンポジウム《現代世界と剥き出しの生》では、わたし自身も西谷修、市野川容孝、岡田温司の三氏とパネル・ディスカッションに参加し、その報告を兼ねて、『図書新聞』二〇〇二年二月一六日号に「閾からの思考――ジョルジョ・アガンベンと政治哲学の現在」という一文を寄せる機会に恵まれた。それのなかでは、著者の仕事全体について、批判的留保点もふくめた所感を述べさせてもらった。この一文はその後、二〇〇二年一二月に未來社から出したわたしの批評論集『超越と横断――言説のヘテロトピアへ』に収録してある。さらに、本書で著者が「プリモ・レーヴィのパラドックス」というように呼んでいる生き残り証言をめぐる問題については、二〇〇二年五月に岩波書店から出した『歴史的理性の批判のために』の第Ⅰ章「アウシュヴィッツと証言の危機」のなかでも論じてある。参看願えると幸いである。

（二〇〇四年六月一六日、上村忠男記）

＊編集部追記――「ホモ・サケル」シリーズ既刊書（二〇二二年八月現在）。

I) *Homo sacer: Il potere sovrano e la nuda vita*, Torino: Einaudi, 1995.『ホモ・サケル――主権権力と剥き出しの生』高桑和巳訳、以文社、二〇〇三年。

II, 1) *Stato di eccezione*, Torino: Bollati Boringhieri, 2003.『例外状態』上村忠男・中村勝己訳、未來社、二〇〇七年。

II, 2) *Stasis: La guerra civile come paradigma politico*, Torino: Bollati Boringhieri, 2015.『スタシス――政治的パラダイムとしての内戦』高桑和巳訳、青土社、二〇一六年。

II, 3) *Il sacramento del linguaggio: Archeologia del giuramento*, Roma: Laterza, 2008.

II, 4) *Il Regno e la Gloria: Per una genealogia teologica dell'economia e del governo*, Vicenza: Neri Pozza, 2007, Torino: Bollati Boringhieri, 2009.『王国と栄光――オイコノミアと統治の神学的系譜学のために』高桑和巳訳、青土社、二〇一〇年。※『王国と栄光』の原書は当初「ホモ・サケル」第Ⅱ部第2巻として初版が二〇〇七年に刊行され、二〇〇九年に別の版元から図版が増補された第二版が刊行されたが（日本語訳はこの第二版を底本としている）、二〇一五年に新たに『スタシス』が第Ⅱ部第2巻として刊行された。同年にこの重複の経緯を著者に確認したところ、『王国と栄光』は第Ⅱ部第4巻に変更したとの回答を得た。

II, 5) *Opus Dei: Archeologia dell'ufficio*, Torino: Bollati Boringhieri, 2012.『オプス・デイ――任務の考古学』杉山博昭訳、以文社、二〇一九年。

III) *Quel che resta di Auschwitz: L'archivio e il testimone*, Torino: Bollati Boringhieri, 1998.『アウシュヴィッツの残りのもの――アルシーヴと証人』上村忠男・廣石正和訳、月曜社、二〇〇一年（本書）。

IV, 1) *Altissima povertà: Regole monastiche e forma di vita*, Vicenza: Neri Pozza, 2011.『いと高き貧しさ――修道院規則と生の形式』上村忠男・太田綾子訳、みすず書房、二〇一四年。

IV, 2) *L'uso dei corpi*, Vicenza: Neri Pozza, 2014.『身体の使用――脱構成的可能態の理論のために』上村忠男訳、みすず書房、二〇一六年。

参考文献
Bibliografia

Adorno, T. W.

1. *Dialettica negativa*, Einaudi, Torino 1975 (3ª ed.; ed. orig. *Negative Dialektik*, Suhrkamp, Frankfurt a. M. 1966). 木田元・徳永恂・渡辺祐邦・三島憲一・須田朗・宮武昭訳『否定弁証法』作品社、1996 年。
2. *Minima moralia*, Einaudi, Torino 1997 (5ª ed.; ed. orig. *Minima Moralia. Reflexionen aus dem beschädigten Leben*, Suhrkamp, Frankfurt a. M. 1951). 三光長治訳『ミニマ・モラリア』法政大学出版局、1979 年。

Agamben, G.

Il linguaggio e la morte, Einaudi, Torino 1982. 上村忠男訳『言葉と死』筑摩書房、2009 年。

Amery, J.

Un intellettuale a Auschwitz, Bollati Boringhzieri, Torino 1987 (ed. orig. *Jenseits von Schuld und Sühne. Bewältigungsversuche eines Überwaltigten*, F. Klett, Stuttgart 1977). 池内紀訳『罪と罰の彼岸』法政大学出版局、1984 年。

Antelme, R.

La specie umana, Einaudi, Torino 1976 (2ª ed.; ed. orig. *L'Espèce humaine*, Gallimard, Paris 1947). 宇京頼三訳『人類』未來社、1993 年。

Arendt, H.

1. *La banalità del male. Eichmann a Gerusalemme*, Feltrinelli, Milano 1993 (5ª ed.; ed. orig. *Eichmann in Jerusalem: A Report on the Banality of Evil*, Viking Press, New York 1963). 大久保和郎訳『エルサレムのアイヒマン』新版、みすず書房、2017 年。
2. *Essays in Understanding*, Harcourt Brace, New York 1993. 齋藤純一・山田正行・矢野久美子訳『アーレント政治思想集成』全２巻、みすず書房、2002 年。

Bachmann, I.

Letteratura come Utopia. Lezioni di Francoforte, Adelphi, Milano 1993 (ed. orig. *Frankfurter Vorlesungen*, Piper, München 1980).

Barth, K.

Kirchliche Dogmatik, vol. 3, pt. 2, Zollikan, Zurich 1948. 菅円吉・吉永正義訳『教会教義学』第３巻「創造論」第２分冊「造られたもの」第１部～第３部、新教出版社、1973 ～ 1974 年。

参考文献

Benjamin, W.

Strada a senso unico. Scritti 1926–27, Einaudi, Torino 1983 (ed. orig. *Einbahnstraße*, Rowholt, Berlin 1928). 久保哲司訳「一方通行路」、『ベンヤミン・コレクション』第 3 巻所収、ちくま学芸文庫、1997 年。

Benveniste, E.

1. *Problèmes de linguistique générale*, vol. 1, Gallimard, Paris 1966. 岸本通夫監訳『一般言語学の諸問題』みすず書房、1983 年。
2. *Problèmes de linguistique générale*, vol. 2, Gallimard, Paris 1974. 阿部宏監訳『言葉と主体』岩波書店、2013 年。

Bertelli, S.

Lex animata in terris, in F. Cardini (a cura di), *La città e il sacro*, Garzanti-Scheiwiller, Milano 1994.

Bettelheim, B.

1. *Sopravvivere*, Feltrinelli, Milano 1991 (3ª ed.; ed. orig. *Surviving and Other Essays*, Knopf, New York 1979). 高尾利数訳『生き残ること』法政大学出版局、1992 年。
2. *La fortezza vuota*, Garzanti, Milano 1996 (4ª ed.; ed. orig. *The Empty Fortress*, Macmillan, New York, 1967). 黒丸正四郎・岡田幸夫・花田雅憲・島田照三訳『自閉症・うつろな砦』全２巻、みすず書房、1973 ～ 1975 年。
3. *The Informed Heart*, The Free Press, New York 1960. 丸山修吉訳『鍛えられた心』法政大学出版局、1975 年。

Bichat, X.

Recherches physiologiques sur la vie et la mort, Flammarion, Paris 1994 (ed. orig., Paris 1800).

Binswanger, L.

Per un'antropologia fenomenologica, Feltrinelli, Milano 1970. 荻野恒一・宮本忠雄・木村敏訳『現象学的人間学』みすず書房、1967 年。

Blanchot, M.

L'Entretien infini, Gallimard, Paris 1969. 湯浅博雄ほか訳『終わりなき対話』全 3 巻、筑摩書房、2016 ～ 2017 年。

Carpi, A.

Diario di Gusen, Einaudi, Torino 1993.

Chrisostome, J.

Sur l'Incompréhensibilité de Dieu, Cerf, Paris 1970. 神崎繁訳「神の把握しがたさについて」、『中世思想原典集成』第２巻「盛期ギリシア教父」所収、平凡社、1992 年。

Derrida, J.

La Voix et le phénomène, PUF, Paris 1967. 林好雄訳『声と現象』ちくま学芸文庫、2005 年。

Des Pres, T.

The Surviver. An Anatomy of Life in the Death Camps, WSP, New York 1977.

Foucault, M.

1. *Il faut défendre la société*, Gallimard-Seuil, Paris 1997. 石田英敬・小野正嗣訳『社会は防衛しなければならない』(『ミシェル・フーコー講義集成』第6巻)、筑摩書房、2007年。
2. *L'Archéologie du savoir*, Gallimard, Paris 1969. 慎改康之訳『知の考古学』河出文庫、2012年。
3. *Scritti letterari*, Feltrinelli, Milano 1996. 清水徹訳「作者とは何か」、『ミシェル・フーコー思考集成』第3巻所収、筑摩書房、1999年、ほか。

Felman, S.

À l'age du temoignage. Shoah de C. Lanzmann, in AA.VV., *Au sujet de Shoah*, Belin, Paris 1990. 上野成利・崎山政毅・細見和之訳『声の回帰』太田出版、1995年。

Frontisi-Ducroux, F.

Du masque au visage, Flammarion, Paris 1995.

Hegel, G. W. F.

Estetica, Einaudi, Torino 1967. 長谷川宏訳『美学講義』全3巻、作品社、1995～1996年。

Heidegger, M.

1. *Bremer und Freiburger Vorträge*, GA vol. 79, Klostermann, Frankfurt a. M. 1994. 森一郎／ハルトムート・ブフナー訳『ブレーメン講演とフライブルク講演』(『ハイデッガー全集』第79巻)、創文社、2003年(OD版、東京大学出版会、2021年)。
2. *Parmenides*, GA vol. 54, Klostermann, Frankfurt a. M. 1982. 北嶋美雪／湯本和男／アルフレッド・グッツォーニ訳『パルメニデス』(『ハイデッガー全集』第54巻)、創文社、1999年(OD版、東京大学出版会、2021年)。
3. *Kant e il problema della metafisica*, Silva, Milano 1962 (ed. orig. *Kant und das Problem der Metaphysik*, Cohen, Bonn 1929). 門脇卓爾／ハルトムート・ブフナー訳『カントと形而上学の問題』(『ハイデッガー全集』第3巻)、創文社、2003年(OD版、東京大学出版会、2021年)。

Hilberg, R.

La distruzione degli ebrei di Europa, Einaudi, Torino 1995 (ed. orig. *The Destruction of the European Jews*, Holmer-Meyer, New York 1985). 望田幸男・原田一美・井上茂子訳『ヨーロッパ・ユダヤ人の絶滅』全2巻、柏書房、1997年。

Kant, I.

Critica della ragion pura, Laterza, Roma-Bari 1981. 熊野純彦訳『純粋理性批判』作品社、2012年。

Keats, J.

The Letters of John Keats, ed. M. B. Forman, Oxford University Press, Oxford 1935. 田村英之介訳『詩人の手紙』冨山房、1977 年。

Kerényi, K.

La religione antica nelle sue linee fondamentali, Astrolabio, Roma 1951 (ed. orig. *Die antike Religion. Eine Grundlegung*, Pantheon, Amsterdam-Leipzig 1940)

Kimura Bin

Écrits de psychopathologie phenoménologique, PUF, Paris 1992.「時間と自己」「自己・時間・あいだ」、『木村敏著作集』第 2 巻所収、弘文堂、2001 年。

Kogon, E.

Der SS-Staat. Das System der deutschen Konzentrationslager, Heyne, München 1995. 林功三訳『SS 国家』ミネルヴァ書房、2001 年。

Langbein, H.

1. *Auschwitz. Zeugnisse und Berichte*, hrsg. H. G. Adler, H. Langbein, F. Lingens-Reiner, Europäische Verlag, Hamburg 1994.
2. *Uomini ad Auschwitz*, Mursia, Milano 1984 (ed. orig. *Menschen in Auschwitz*, Europa Verlag, Wien 1972).

Levi, P.

1. *Conversazioni e interviste*, Einaudi, Torino 1997. 多木陽介訳『プリーモ・レーヴィは語る』青土社、2002 年。
2. *I sommersi e i salvati*, Einaudi, Torino 1991 (2ª ed.; 1ª ed. 1986). 竹山博英訳『溺れるものと救われるもの』朝日文庫、2019 年。
3. *Se questo è un uomo. La tregua*, Einaudi, Torino 1995 (4ª ed.; 1ª ed. rispettiv. De Silva, Torino 1947 ed Einaudi, Torino 1963). 竹山博英訳『アウシュヴィッツは終わらない』改訂完全版、朝日新聞社、2017 年；竹山博英訳『休戦』岩波文庫、2010 年。
4. *L'altrui mestiere*, in Id., *Opere*, vol. 3, Einaudi, Torino 1990.
5. *Ad ora incerta*, in Id., *Opere*, vol. 2, Einaudi, Torino 1988. 竹山博英訳『プリーモ・レーヴィ全詩集——予期せぬ時に』岩波書店、2019 年。

Levinas, E.

De l'évasion, Fata Morgana, Montpellier 1982. 合田正人訳「逃走論」、『レヴィナス・コレクション』所収、ちくま学芸文庫、1999 年。

Lewental, S.

Gedenkbuch, in «Hefte von Auschwitz», nº 1, Oswiecim 1972.

Lyotard, J.-F.

Le Différend, Minuit, Paris 1983. 陸井四郎・小野康男・外山和子・森田亜紀訳『文の抗争』法政大学出版局、1989 年。

Manganelli, G.

La notte, Adelphi, Milano 1996.

Mauss, M. (et Hubert, H.)

Essai sur la nature et la fonction du sacrifice, in Id., *Œuvres*, vol. 1, Minuit, Paris 1968. 小関藤一郎訳『供犠』法政大学出版局、1983 年。

Pessoa, F.

Obra em Prosa de Fernando Pessoa, vol. I, *Escritos íntimos, cartas e páginas autobiograficas*, Mem Martins: Publiçacões Europa-America, Lisboa 1986.

Rilke, R. M.

1. *I quaderni di Malte Laurids Brigge*, Garzanti, Milano 1974 (ed. orig. *Die Aufzeichnungen des Malte Laurids Brigge*, Insel, Leipzig 1910). 塚越敏訳「マルテの手記」、『リルケ全集』第 7 巻所収、河出書房新社、1990 年。
2. *Il libro della povertà e della morte*, in Id., *Poesie*, vol. 1, Einaudi-Gallimard, Torino 1994 (ed. orig. *Von der Armut und vom Tode*, in Das Stunde-Buch, Insel, Leipzig 1905). 金子正昭訳「時禱書」、『リルケ全集』第 2 巻所収、河出書房新社、1990 年。

Ryn Z. et Klodzinski S.

An der Grenze zwischen Leben und Tod. Eine Studie über die Erscheinung des «Muselmanns» im Konzentrationslager, in «Auschwitz-Hefte», vol. 1, Weinheim e Basel 1987.

Satta, S.

Il mistero del processo, Adelphi, Milano 1994.

Sereny, G.

In quelle tenebre, Adelphi, Milano 1994 (2ª ed.; ed. orig. *Into that Darkness. From Mercy Killing to Mass Murder*, McGraw-Hill, London 1974) .

Sofsky, W.

L'ordine del terrore, Laterza, Roma-Bari 1995 (ed. orig. *Die Ordnung des Terrors*, Fischer, Frankfurt a. M. 1993).

Spinoza, B.

Compendium grammatices linguae hebraeae, in Id., *Opera*, hrsg. C. Gebhardt, vol. 3, Heidelberg 1925.

Tertulliano

Scorpiace, a cura di G. Azzali Bernardelli, Nardini, Firenze 1990.

Wiesel, E.

For Some Measure of Humility, in «Sh'ma. A Journal of Jewish Responsability », n° 5, 31 October 1975.

ジョルジョ・アガンベン（Giorgio AGAMBEN）
1942年生まれ。イタリアの哲学者。月曜社より刊行した訳書に、1985年／2002年『散文のイデア』（高桑和巳訳、2022年）、1990年／2001年『到来する共同体』（上村忠男訳、2012年；新装版2014年）、1993年『バートルビー』（高桑和巳訳、2005年）、1998年『アウシュヴィッツの残りのもの』（本書）、2005年『瀆神』（上村忠男・堤康徳訳、2005年；新装版2015年）、2005年『思考の潜勢力』（高桑和巳訳、2009年）、2017年『書斎の自画像』（岡田温司訳、2019年）、2017年『創造とアナーキー』（岡田温司・中村魁訳、2022年）など。

上村忠男（うえむら・ただお）
1941年生まれ。思想史家。近年の著書に『アガンベン《ホモ・サケル》の思想』（講談社選書メチエ、2020年）、『ヘテロトピアからのまなざし』（未來社、2018年）などがある。訳書に、エンツォ・パーチ『関係主義的現象学への道』（編訳、月曜社、2011年）、スパヴェンタ／クローチェ／ジェンティーレ『ヘーゲル弁証法とイタリア哲学』（編訳、月曜社、2012年）など多数。

廣石正和（ひろいし・まさかず）
1956年生まれ。東京外国語大学大学院地域研究研究科修士課程修了。イタリア近代思想史専攻。訳書にウンベルト・エーコ『完全言語の探求』（共訳、平凡社、1995年；平凡社ライブラリー、2011年）、マリオ・プラーツ『バロックのイメージ世界』（共訳、みすず書房、2006年）など。

アウシュヴィッツの残りのもの
アルシーヴと証人

著者　ジョルジョ・アガンベン
訳者　上村忠男・廣石正和

2001 年 9 月 28 日　第 1 刷発行
2022 年 12 月 30 日　新装版第 1 刷（9 刷）発行

発行所　有限会社月曜社
発行者　小林浩
〒 182-0006　東京都調布市西つつじヶ丘 4 丁目 47 番地 3
電話　03-3935-0515（営業）／ 042-481-2557（編集）
FAX　042-481-2561
http://getsuyosha.jp/

装幀　大友哲郎

印刷・製本　株式会社シナノパブリッシングプレス

ISBN978-4-86503-141-6